小学生《しょうがくせい》〜
中学生《ちゅうがくせい》向《む》き

やばいことわざ

監修 齋藤 孝

アスコム

はじめに

この本《ほん》を読《よ》む君《きみ》へ

ことわざは、長《なが》く受《う》けつがれてきた「知恵《ちえ》の宝庫《ほうこ》」だ。
君《きみ》のおじいちゃん、おばあちゃんのそのまたおじいちゃん、
おばあちゃん、もっともっと前《まえ》のご先祖様《せんぞさま》たちが
「あ～これを知《し》っていれば失敗《しっぱい》しないで済《す》んだのになぁ」
と思《おも》うようなことを短《みじか》い言葉《ことば》にギュギュッとまとめたんだ。
そして、それを次《つぎ》の新《あたら》しい時代《じだい》を生《い》きる人《ひと》たちに
渡《わた》してくれている。

昔《むかし》の人《ひと》たちが作《つく》ったそんな言葉《ことば》に、
「やばい」と感《かん》じることがある。

「なんでわかったの？」と聞《き》きたくなるくらい、
いまの自分《じぶん》をピッタリ言《い》い当《あ》てられていて、
まるで予言《よげん》されていたみたいでドキッとするんだ。
「このあと、こうなるよ」という予言《よげん》もある。
わかっていれば、対処《たいしょ》しやすい。
せっかく、生《い》きる知恵《ちえ》を覚《おぼ》えやすい言葉《ことば》にして
予言《よげん》してくれているんだから、使《つか》わない手《て》はない。

それに、ことわざは面白《おもしろ》い。
この本《ほん》では、とくに面白《おもしろ》さを大切《たいせつ》にしているよ。
「笑《わら》って覚《おぼ》える」ことを目指《めざ》している。
笑《わら》うことで好《す》きになるし、記憶《きおく》に残《のこ》りやすくなる。
君《きみ》もこの本《ほん》を読《よ》んでことわざを好《す》きになり、
たくさん使《つか》ってくれるようになったらとても嬉《うれ》しい。

ことわざは、なぜやばい？

この本《ほん》では、「やばいことわざ」を紹介《しょうかい》しているよ。

「やばい」って、いまは**「びっくり！」「面白《おもしろ》い！」「感動《かんどう》！」**という意味《いみ》でも使《つか》うよね。ことわざはそんな意味《いみ》でやばいんだ。

では、ことわざの何《なに》がやばいのか？

いまの自分《じぶん》を言《い》い当《あ》てていてやばい！

ことわざが生《う》まれたのはずっと昔《むかし》だ。**千年《せんねん》以《い》上《じょう》も前《まえ》の人《ひと》が言《い》った言葉《ことば》**もあるんだよ。だからといって、ことわざって古《ふる》い言葉《ことば》でしょ？ と思《おも》ったら大間違《おおまちが》い。まさにいまの時代《じだい》を生《い》きる私《わたし》たちのことを言《い》っているように感《かん》じるから、やばいんだ。

「なんでわかったの？」と言《い》いたくなるほど、言《い》い当《あ》てられた感《かん》じがするよ。まるで昔《むかし》の人《ひと》が、タイムマシンに乗《の》っていまを見《み》ていたみたい！

この本《ほん》にあることわざの中《なか》には、**「これはまさにいまの自分《じぶん》のことじゃないか」**とハッとするものがたくさんあると思《おも》う。

テレビを見《み》てゴロゴロしながら「将《しょう》来《らい》はすごい発明《はつめい》をして、みんなをあっと言《い》わせて…うふふ」なんて思《おも》っているときに、**「ハッ、これを『まかぬ種《たね》は生《は》えぬ』と言《い》うのか！」**なんてね。

いまの時代《じだい》にも役立《やくだ》ってやばい！

ことわざはまさに予言《よげん》だから、いまの生活《せいかつ》の中《なか》で役《やく》に立《た》つ。だからこそ、時代《じだい》をこえて多《おお》くの人《ひと》に愛《あい》されてきたんだよね。

たとえば私《わたし》は、テニスの試合前《しあいまえ》に、「マイラケットのガットが切《き》れちゃった！」ということが実際《じっさい》にあった。そんなピンチのときに、落《お》ち着《つ》いて切《き》り抜《ぬ》けようと思《おも》って唱《とな》えたのは、このことわざだ。

「弘法《こうぼう》は筆《ふで》を選《えら》ばず」

本当《ほんとう》の達人《たつじん》は、どんなラケットだって上手《じょうず》にプレイできるのさ、という弘《こう》法《ぼう》気《き》分《ぶん》で、友達《ともだち》のラケットを借《か》りた。「弘《こう》法《ぼう》気《き》分《ぶん》で」、というところがいいでしょ？　こうやって、ピンチも楽《たの》しめる心《こころ》の余裕《よゆう》が生《う》まれるわけだ。

リズムがよくて言《い》いたくなる

ことわざは短《みじか》い言葉《ことば》で、リズムもいいから覚《おぼ》えやすい。**「言《い》いたくなる」っていうのもポイントだ。**

大人《おとな》も何《なに》かとことわざを言《い》っているでしょ？　たとえば浜辺《はまべ》で花火《はなび》を楽《たの》しんだあと、きれいに片《かた》づけながら**「立《た》つ鳥《とり》あとをにごさず」**とかね。**「この状況《じょうきょう》はまさにあのことわざだ」**と思《おも》うと、言《い》わずにはいられないんだ。

普段《ふだん》の生活《せいかつ》の中《なか》で使《つか》おう

この本《ほん》の中《なか》には、面白《おもしろ》くて役立《やくだ》つことわざが１３０個《こ》も入《はい》っている。笑《わら》いながら覚《おぼ》えられて、使《つか》えるようになっている。

普段《ふだん》の生活《せいかつ》で、ちょっと無理《むり》やりにでもいいから、言《い》ってみてほしい。

「お母《かあ》さん、それ油断大敵《ゆだんたいてき》だよ」とか**「楽《らく》あれば苦《く》あり苦《く》あれば楽《らく》ありと言《い》うじゃないか」**なんて言《い》ったら、会話《かいわ》がピリッとしまってかっこいい。

今日《きょう》、仕事《しごと》で大失敗《だいしっぱい》しちゃってさ…
しゅん…
まぁ…
お父《とう》さん…
「人間万事《にんげんばんじ》塞翁《さいおう》が馬《うま》」だよ!!
そーですね!!

使《つか》えば使《つか》うほど、君《きみ》の親《おや》や友達《ともだち》も驚《おどろ》くはずだ。

「よくそんなことわざ知《し》っているね!」

そうやって驚《おどろ》いてくれれば、この本《ほん》を読《よ》んだかいがあるというものだ。

「あるある！」と言《い》いながら読《よ》もう

ことわざを自分《じぶん》のものにし、使《つか》いこなせるようになるために、**まずはことわざを身近《みぢか》なものとして感《かん》じてほしい。**ことわざと自分《じぶん》の経験《けいけん》とを結《むす》びつけて、「あるある！」って言《い》ってみよう。

「あばたもえくぼ。あるある！ お友《とも》達《だち》の誰《だれ》それは、好《す》きな子《こ》の舌《した》ったらずなしゃべり方《かた》がかわいい〜っていつも言《い》ってるもん」なんていうふうに。

「あるある！」って言《い》いながらことわざを学《まな》ぶと、なんだか昔《むかし》の人《ひと》と会話《かいわ》しているみたいで面白《おもしろ》い。

そしてあらためて、ことわざのやばさが実感《じっかん》できるはずだ。

ことわざは
ずっと昔《むかし》に
生《う》まれたものなのに
君《きみ》たちの行動《こうどう》を
予言《よげん》している
だからやばい!!

ギャーーッ
おじいちゃんも そのまた おじいちゃんも… ボクとあんまり かわんないって ことだね!!
やぶをつついて へびを出《だ》す!!

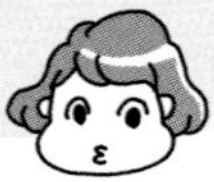
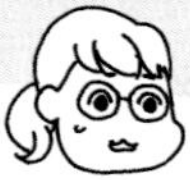
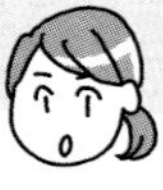

やばいことわざ もくじ

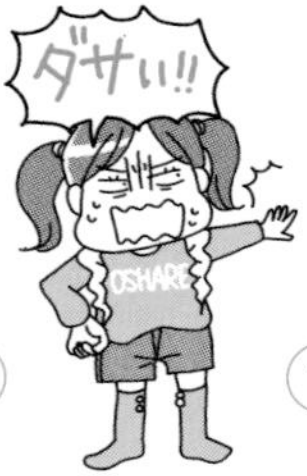

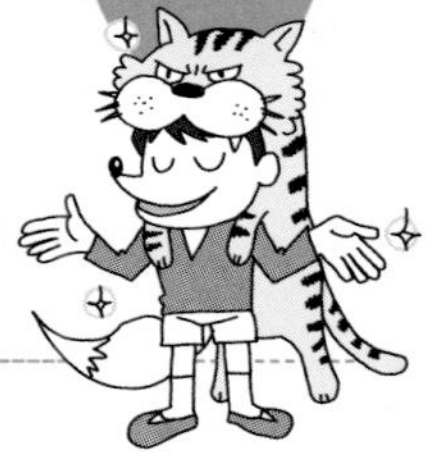

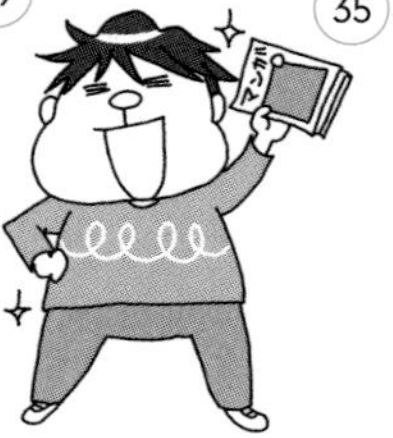

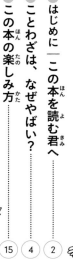

コツコツ

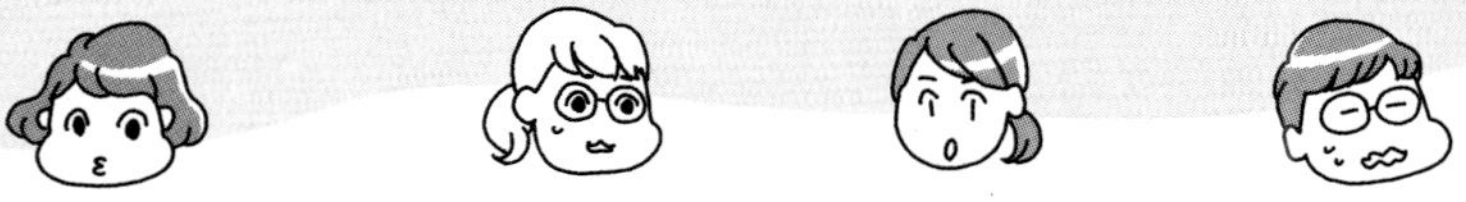

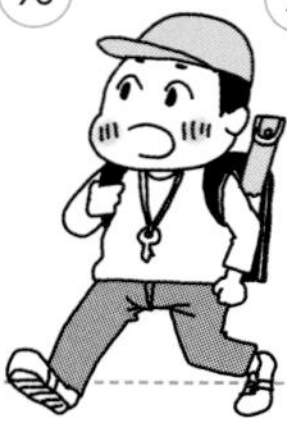

役《やく》立《だ》つ編《へん》

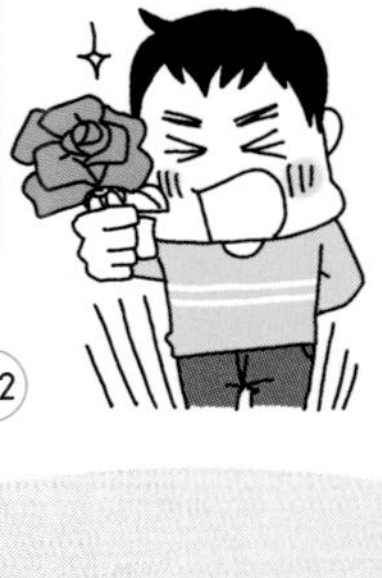

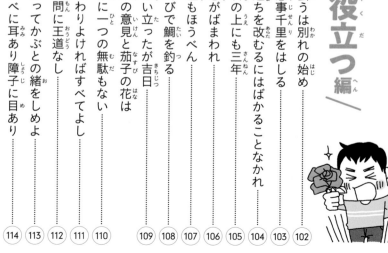

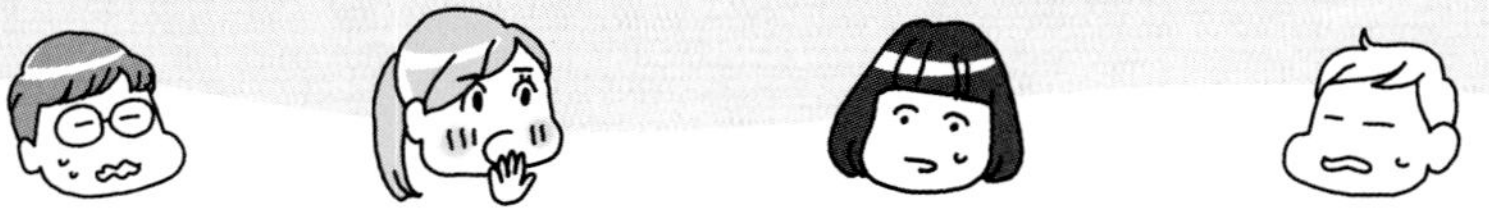

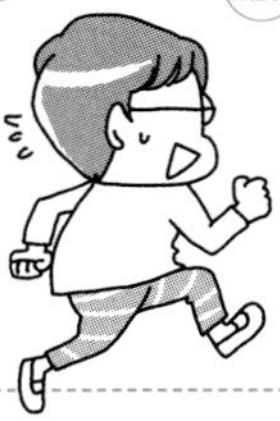

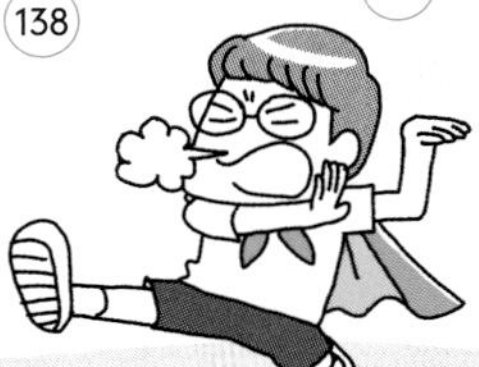

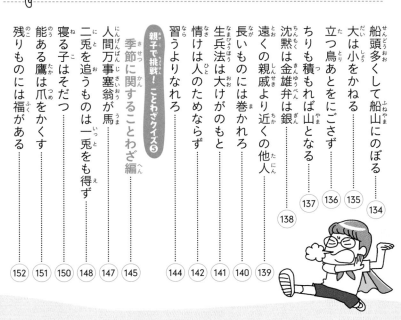

予言《よげん》されちゃって、
やばい〜

この本《ほん》の楽《たの》しみ方《かた》

どこから読《よ》んでもいいよ。 イラストを見《み》ているだけでも楽《たの》しいね。
好《す》きなことわざは、 どんどん使《つか》ってみよう!

イラスト

ことわざがどんなことを予言《よげん》しているのか、ひと目《め》でわかるよ。「あるある」と思《おも》いながら楽《たの》しんで。

ことわざ

大昔《おおむかし》の人《ひと》が残《のこ》した予言《よげん》の言葉《ことば》だ。

頭《あたま》かくして尻《しり》かくさず

全部《ぜんぶ》かくした気《き》になっているのに、一部分《いちぶぶん》だけ外《そと》から見《み》えている。だからバレてる!

キジという鳥《とり》は追《お》われてかくれようとするとき、頭《あたま》を草《くさ》むらにつっこむけれど、尻尾《しっぽ》が外《そと》に出《で》ていて丸見《まるみ》えということからきた言葉《ことば》だ。本人《ほんにん》はバレてないつもりでいるのを笑《わら》うという意味《いみ》があるよ。

お菓子《かし》を食《た》べきってかくしたつもりでいても、袋《ふくろ》が見《み》つかってバレちゃったなんていうこと、あるよね。

ちなみに、オスのキジの尻尾《しっぽ》は長《なが》いと40㎝もあるんだ。そりゃかくせないよね!

予言《よげん》された君《きみ》へ!

小《ち》さい子《こ》のかくれんぼは、たいていどこか見《み》えていてかわいいね。

使い方

「お母《かあ》さんのサプライズ誕生日《たんじょうび》パーティー、バレちゃった」「えっ、なんで?」「紙袋《かみぶくろ》から飾《かざ》りが飛《と》び出《だ》していて。頭《あたま》かくして尻《しり》かくさずだったよ」

18

解説《かいせつ》

ことわざの意味《いみ》や歴史《れきし》、どんなふうにやばいのかなどがわかる。

予言《よげん》された君《きみ》へ!

「やばい! 予言《よげん》されちゃってる!」と思《おも》った君《きみ》へのメッセージ。ためになることが書《か》いてある、かも?

使《つか》い方《かた》

こんなふうにことわざを使《つか》おう。友達《ともだち》や先生《せんせい》、お父《とう》さんやお母《かあ》さんに言《い》ったら、「よく知《し》っているね!」ってびっくりされるぞ。

あるある編《へん》

大昔《おおむかし》に生まれたことわざが君《きみ》の「あるある」を予言《よげん》している！

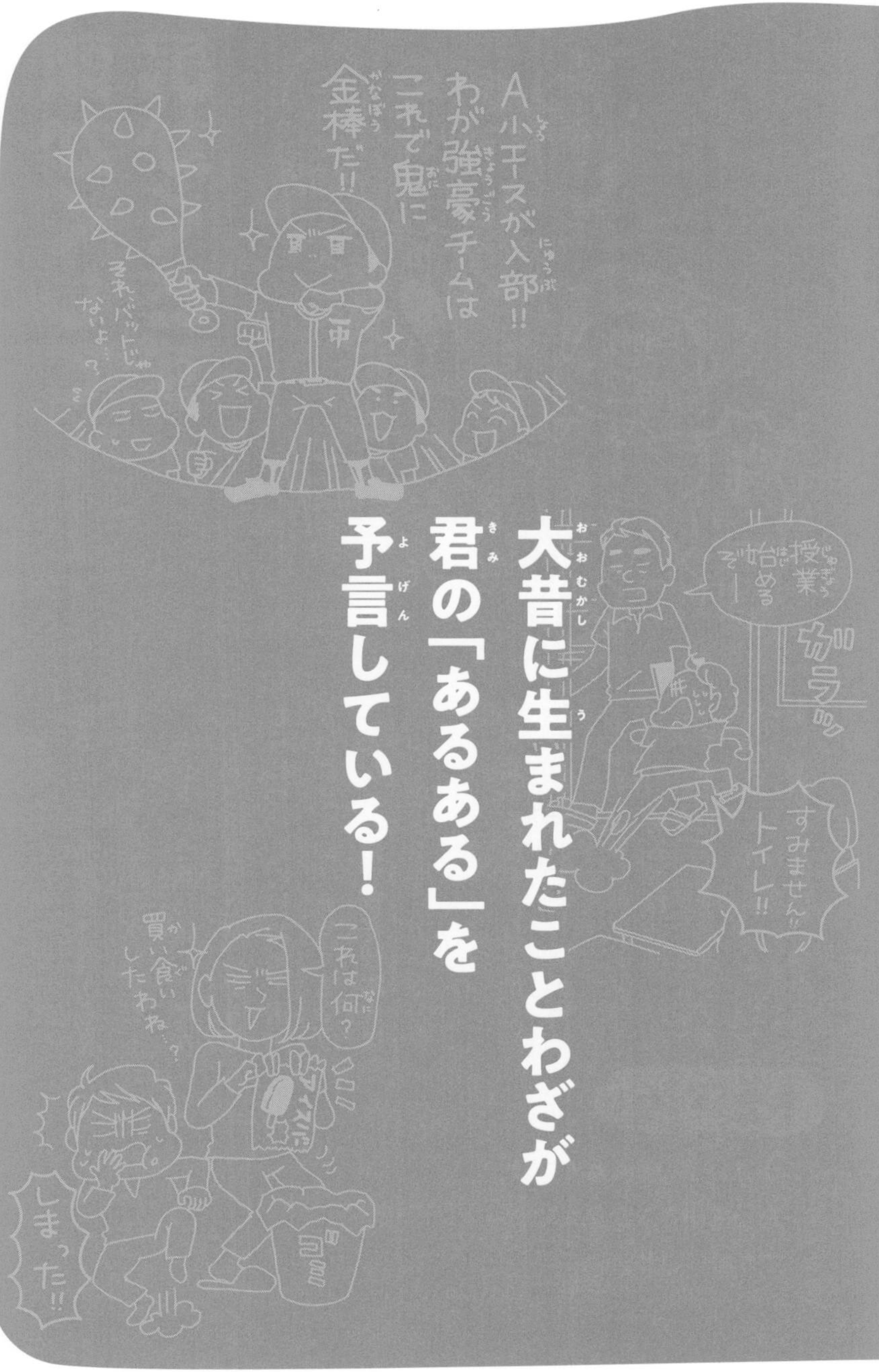

頭《あたま》かくして尻《しり》かくさず

全部《ぜんぶ》かくした気《き》になっているのに、一部分《いちぶぶん》だけ外《そと》から見《み》えている。だからバレてる！

キジという鳥《とり》は追《お》われてかくれようとするとき、頭《あたま》を草《くさ》むらにつっこむけれど、尻尾《しっぽ》が外《そと》に出《で》ていて丸見《まるみ》えということからきた言葉《ことば》だ。本人《ほんにん》はバレてないつもりでいるのを笑《わら》うという意味《いみ》があるよ。

お菓子《かし》を食《た》べきってかくしたつもりでいても、袋《ふくろ》が見《み》つかってバレちゃったなんていうこと、あるよね。

ちなみに、オスのキジの尻《しっ》尾《ぽ》は長《なが》いと40㎝もあるんだ。そりゃかくせないよね！

使《つか》い方《かた》

「お母《かあ》さんのサプライズ誕生日《たんじょうび》パーティー、バレちゃった」「えっ、なんで?」「紙袋《かみぶくろ》から飾《かざ》りが飛《と》び出《だ》していて。頭《あたま》かくして尻《しり》かくさずだったよ」

予言《よげん》された君《きみ》へ!

小《ちい》さい子《こ》のかくれんぼは、たいていどこか見《み》えていてかわいいね。

あとは野《の》となれ山《やま》となれ

参考書代《さんこうしょだい》をフィギュアに使《つか》っちゃったら、あとで面倒《めんどう》なことになるけど、それはそれ。いまは買《か》う！ なんてときに使《つか》うことわざだ。「あとのことなんて知《し》るか！」というやけくそ感《かん》まで予言《よげん》されているんだから、本当《ほんとう》にやばい。

もともとは、ジャガイモなど作物《さくもつ》を収穫《しゅうかく》してしまえば、あとの土地《とち》が荒《あ》れて野《の》となっても山《やま》となってもいいというところからきている。無責任《むせきにん》な態度《たいど》や開《ひら》き直《なお》りの気持《きも》ちが表《あらわ》れているね。できることはやって、あとは運任《うんまか》せ・人任《ひとまか》せというときにも使《つか》うよ。

予言《よげん》された君《きみ》へ！

やけくそパワーでいまの困難《こんなん》を乗《の》り越《こ》えるっていうこともある！

使《つか》い方《かた》

「あのいじめっ子《こ》ににらまれたら、やばいんじゃない?」「でも、悪《わる》いことは見《み》逃《のが》せないから直接《ちょくせつ》言《い》うよ。あとは野《の》となれ山《やま》となれだ」

あばたもえくぼ

やばい！　恋《こい》する君《きみ》の心理《しんり》は、ズバリ予言《よげん》されている！　恋《こい》に落《お》ちると、欠点《けってん》さえもよく見《み》えるというのがこのことわざだ。

寝《ね》ぐせだってモジャモジャ頭《あたま》だって、魅力《みりょく》の一《ひと》つ。そこがいいんだよね～、かわいい！　って思《おも》えちゃうんだ。

あばたとは、昔《むかし》、世界的《せかいてき》に流行《りゅうこう》した天然痘《てんねんとう》という病気《びょうき》で皮膚《ひふ》に残《のこ》った小《ちい》さな傷《きず》あと。

一方《いっぽう》、えくぼは笑《わら》ったときにできる頬《ほほ》のくぼみで、チャームポイントになる。欠点《けってん》さえも魅力《みりょく》に見《み》えてしまうのだから、恋心《こいごころ》はすごいよね。

予言《よげん》された君《きみ》へ！

恋《こい》が冷《さ》めると「どこがよかったの?」と思《おも》う。それも恋《こい》の楽《たの》しさだ。

使《つか》い方《かた》

「君《きみ》の好《す》きなアイドル、昨日《きのう》テレビでうまくしゃべれなかったね」
「しどろもどろがかわいいなって」
「あばたもえくぼだね」

雨《あめ》ふって地《じ》固《かた》まる

悪《わる》いことやもめごとがあってつらい君《きみ》に、いい知《し》らせ。このあと、前《まえ》よりもハッピーになるぞ!

雨《あめ》がふると、地面《じめん》はドロドロ。くつも汚《よご》れる。でもそのあとで、水《みず》が蒸発《じょうはつ》して固《かた》くなり、前《まえ》よりも歩《ある》きやすい地面《じめん》になるんだ。

友達《ともだち》とケンカをすれば、とてもいやな気持《きも》ちになるだろう。でも、仲直《なかなお》りしたあとは、前《まえ》よりもさらに仲《なか》よくなれる。そんな経験《けいけん》、あるのではないかな? ケンカは、お互《たが》いの気持《きも》ちや事情《じじょう》を理解《りかい》するきっかけにもなるんだ。

予言《よげん》された君《きみ》へ!

トラブルを乗《の》り越《こ》えて、クラスみんなが仲《なか》よくなることはよくある。

使《つか》い方《かた》

「昨日《きのう》、お父《とう》さんとお母《かあ》さんケンカしてなかったっけ? 今日《きょう》は一緒《いっしょ》にテレビ見《み》て笑《わら》っているよ」
「雨《あめ》ふって地固《じかた》まるというやつだろ」

案《あん》ずるより産《う》むがやすし

あれこれ心配《しんぱい》するよりも、実際《じっさい》にやってみるほうが簡単《かんたん》だという意味《いみ》のことわざだ。

はじめての出産《しゅっさん》は、「ものすごく大変《たいへん》なのでは」と心配《しんぱい》だ。でも、実際《じっさい》に産《う》んでみると、思《おも》ったより難《むずか》しくなかったというのが由来《ゆらい》なんだ。

はじめてのことには不安《ふあん》や心配《しんぱい》があって当然《とうぜん》。「自分《じぶん》にできるかな」「うまくいくかな」と考《かんが》えちゃうよね。「案《あん》ずるより産《う》むがやすし」は、そんな君《きみ》へ昔《むかし》の人《ひと》からの励《はげ》ましをこめた予言《よげん》だ。人生《じんせい》の大《だい》先輩《せんぱい》たちも、この言葉《ことば》に勇気《ゆうき》づけられてきたんだ。

使《つか》い方《かた》

「一人《ひとり》で親戚《しんせき》の家《いえ》にお泊《とま》り不安《ふあん》だな。夜眠《よるねむ》れるかな」
「行《い》ってしまえばなんとかなるよ。案《あん》ずるより産《う》むがやすしってね」

予言《よげん》された君《きみ》へ!

どんなことも「はじめて」があるからね。やってみれば大丈夫《だいじょうぶ》!

石橋《いしばし》を叩《たた》いて渡《わた》る

石《いし》でできた橋《はし》は頑丈《がんじょう》だ。渡《わた》っている最中《さいちゅう》に壊《こわ》れて川《かわ》に落《お》ちるなんてことは考《かんが》えにくい。鼻歌《はなうた》を歌《うた》いながら渡《わた》れそうなもんだ。それを、用心深《ようじんぶか》く叩《たた》きながら渡《わた》るってどんだけ心配性《しんぱいしょう》!?

でも、そんな慎重《しんちょう》さが大切《たいせつ》なときだってある。予想《よそう》もつかないことがよく起《お》こる現代《げんだい》だ。大丈夫《だいじょうぶ》だろうと軽《かる》く考《かんが》えてひどい目《め》にあうよりも、いいかもしれない。そう考《かんが》えると、慎重《しんちょう》さを忘《わす》れるなよって昔《むかし》の人《ひと》に言《い》われている気《き》になる。これも予言《よげん》してくれていたなんて、やばいね!

予言《よげん》された君《きみ》へ!

慎重《しんちょう》すぎて全然行動《ぜんぜんこうどう》できないのは考《かんが》えものだけどね。

使《つか》い方《かた》

「早《はや》く雪合戦《ゆきがっせん》やりに行《い》こうよ」
「タオルと着替《きが》えを用意《ようい》しているから待《ま》って。あ、ゴーグルも必要《ひつよう》かな」
「石橋《いしばし》を叩《たた》いて渡《わた》るタイプだね」

一寸《いっすん》の虫《むし》にも五分《ごぶ》のたましい

小《ちい》さいから、弱《よわ》そうだからってバカにしちゃいけない。小《ちい》さくたって意地《いじ》がある。立派《りっぱ》に感情《かんじょう》を持《も》っているんだ。

君《きみ》も幼《おさな》い頃《ころ》は、大人《おとな》に何《なに》かと手加減《てかげん》してもらっていたかもしれないけど、だんだんそれに腹《はら》が立《た》つようになるよね。互角《ごかく》に戦《たたか》える気持《きも》ちだから、あなどらないでほしい！

一寸《いっすん》とは長《なが》さの単位《たんい》で、約《やく》3cm。五分《ごぶ》とはその半分《はんぶん》だ。小《ちい》さな虫《むし》にも、体《からだ》の大《おお》きさの半分《はんぶん》ほどもたましい（気力《きりょく》、根性《こんじょう》などのこと）があると言《い》っているんだ。小《ちい》さいものを応援《おうえん》してくれる予言《よげん》だね。

予言《よげん》された君《きみ》へ!

君《きみ》より小《ちい》さな子《こ》だって、もちろん意地《いじ》がある。覚《おぼ》えておこう！

使《つか》い方《かた》

「あんなに体《からだ》の大《おお》きな人《ひと》たちと柔道《じゅうどう》をやるの?」
「小《ちい》さくたって、やる気《き》は十分《じゅうぶん》さ。一寸《いっすん》の虫《むし》にも五分《ごぶ》のたましいだよ」

一銭《いっせん》を笑《わら》うものは一銭《いっせん》に泣《な》く

どんなに少《すく》ない金額《きんがく》だって、軽《かる》く考えてはダメだ。「銭《せん》」は70年《ねん》ほど前《まえ》まで普通《ふつう》に使《つか》われていたお金《かね》の単位《たんい》だ。一円《いちえん》は百銭《ひゃくせん》にあたる。いまとはちょっと感覚《かんかく》が違《ちが》うけど「わずかなお金《かね》」を意味《いみ》している。

落《お》としたのが一円《いちえん》だったら、「いいや」って気《き》にしなかったことはないかな？ いらないからあげちゃったりしてね。あとで「あのときの一円《いちえん》さえあれば」と言《い》いたくなることが起《お》こるのは、「一銭玉《いっせんだま》」が使《つか》われていた頃《ころ》から予言《よげん》されているのだ。

使《つか》い方《かた》

「10円《えん》貸《か》してくれないかな」「この間《あいだ》、ぼくが小銭《こぜに》しか持《も》っていなかったのをバカにしていたのに」「一銭《いっせん》を笑《わら》うものは一銭《いっせん》に泣《な》くって本当《ほんとう》だね…」

予言《よげん》された君《きみ》へ！

どんどんキャッシュレスの時代《じだい》になるけど、この感覚《かんかく》は大切《たいせつ》だ。

井《い》の中《なか》の蛙《かわず》大海《たいかい》を知《し》らず

A小《しょう》のエースといえばボク!!
ボクといえばA小《しょう》のエース!!
フフフ…中学校《ちゅうがっこう》でも大活躍《だいかつやく》だぜ…

世界《せかい》は広《ひろ》い。得意分野《とくいぶんや》だって、まだまだ知《し》らないことがたくさんあるよね。それなのに「オレってすごい」と得意《とくい》になっていると、「井《い》の中《なか》の蛙《かわず》」と言《い》われてしまうぞ。ものの見方《みかた》や考《かんが》え方《かた》がせまい残念《ざんねん》なやつということだ。そんな君《きみ》を予言《よげん》しているのが、このことわざ。

せまい井戸《いど》の中《なか》に暮《く》らすカエル（蛙《かわず》）は、井戸《いど》＝世界《せかい》だと思《おも》っていて、広《ひろ》い海《うみ》があることを知《し》らない。中国《ちゅうごく》の古《ふる》い書物《しょもつ》『荘《そう》子《し》』にある話《はなし》が由来《ゆらい》だ。

たとえば、小学校《しょうがっこう》の野球《やきゅう》チームで君《きみ》はエースだ。周《まわ》りは君《きみ》よりヘタな子《こ》ばかり。「ぼくが一《いち》

番《ばん》だ！」と得意《とくい》になってしまわないかな？ でも、よその学校《がっこう》にはすごい子《こ》がきっといる。このことわざを知《し》れば、「自分《じぶん》はまだまだ」と考《かんが》えて、世界《せかい》の広《ひろ》さに気《き》づけるかもしれないよ。

予言《よげん》された君《きみ》へ!

自分《じぶん》よりすごい！と思《おも》えるやつに出《で》会《あ》ったときは、成長《せいちょう》のチャンスだ。

使《つか》い方《かた》

「このアニメのことはなんでも知《し》っているから、博士《はかせ》って呼《よ》んでよ」
「それはすごいけど、井《い》の中《なか》の蛙大海《かわずたいかい》を知《し》らずにならないようにね」

いわしの頭《あたま》も信心《しんじん》から

　どんなものでも信《しん》じれば、ありがた〜いものになる。

　いわしはわりと安《やす》く手《て》に入《はい》る魚《さかな》だ。頭《あたま》の部分《ぶぶん》は苦《にが》く、臭《くさ》みもあるので捨《す》ててしまう。江戸時代《えどじだい》には、その「いわしの頭《あたま》」を、トゲトゲした葉《は》っぱのついたひいらぎの枝《えだ》に刺《さ》し、節分《せつぶん》に玄関《げんかん》に飾《かざ》って魔除《まよ》けとする風習《ふうしゅう》ができた。鬼《おに》がよりつかないと信《しん》じれば、いわしの頭《あたま》でさえ、ありがたいものに思《おも》えてくるからやばい。

　信《しん》じる力《ちから》のすごさを言《い》うこともできるし、何《なに》かを頑固《がんこ》に信《しん》じる人《ひと》をからかうときにも使《つか》うよ。

予言《よげん》された君《きみ》へ!

ニセの薬《くすり》でも、信《しん》じれば効果《こうか》が出《で》ることもあるらしい!

使《つか》い方《かた》

「そのボロボロの消《け》しゴムは何《なに》?」
「受験《じゅけん》に合格《ごうかく》した先輩《せんぱい》がくれたの。持《も》っていると合格《ごうかく》しそうでしょ」
「いわしの頭《あたま》も信心《しんじん》から、か」

嘘《うそ》から出《で》たまこと

嘘《うそ》や冗談《じょうだん》のつもりで言《い》ったことが、偶然《ぐうぜん》にも本当《ほんとう》になるという意味《いみ》のことわざだ。

友達《ともだち》のあせる顔《かお》が見《み》たいために、いたずらで「明日《あした》テストだって」と嘘《うそ》を言《い》ったら、偶然《ぐうぜん》にもその通《とお》りになってしまった！　こういった何気《なにげ》ない嘘《うそ》なら、面白《おもしろ》みもあるものだ。でも、多《おお》くの人《ひと》をだますような嘘《うそ》がまかり通《とお》り、事実《じじつ》をねじ曲《ま》げて本当《ほんとう》になっちゃうなんていうこともある。嘘《うそ》の情報《じょうほう》、「フェイクニュース」も現代《げんだい》にはあふれている。そんなことも言《い》い当《あ》てていることわざの予言《よげん》、やばすぎる！

予言《よげん》された君《きみ》へ！

ワクワクする、楽《たの》しい嘘《うそ》がどんどん本当《ほんとう》になったらいいのにね。

使《つか》い方《かた》

「アイドルのマユタンと、将来結婚《しょうらいけっこん》する約束《やくそく》をしたんだ」

「嘘《うそ》から出《で》たまことっていうこともあるから、わからないね」

嘘《うそ》つきは泥棒《どろぼう》の始《はじ》まり

平気《へいき》で嘘《うそ》をつくようになると、そのうち盗《ぬす》みも悪《わる》いと思《おも》わなくなってしまう。嘘《うそ》をつくのは悪《あく》の道《みち》に入《はい》る第一歩《だいいっぽ》だと予言《よげん》されている。

自分《じぶん》の失敗《しっぱい》や間違《まちが》ったことをかくしたい気持《きも》ちはわかる。

でもちょっと待《ま》って。

後《うし》ろめたさを感《かん》じずに嘘《うそ》をつくようになったらやばい。「たかが嘘《うそ》」と軽《かる》く考《かんが》えるのは、とても怖《こわ》いことなのだ。だから決《けっ》して嘘《うそ》はつくなよと教《おし》えてくれているんだね。

寝坊《ねぼう》じゃなくてUFO《ユーフォー》が道《みち》をふさいでいたなんて突拍子《とっぴょうし》もない嘘《うそ》なら楽《たの》しいけどね。

予言《よげん》された君《きみ》へ!

嘘《うそ》ばかりついて誰《だれ》も信《しん》じてくれなくなることを「狼少年《おおかみしょうねん》」という。

使《つか》い方《かた》

「お母《かあ》さんのプリン、お姉《ねえ》ちゃんがさっき食《た》べていたよ」
「私《わたし》じゃないよ、あんたでしょ! 嘘《うそ》つきは泥棒《どろぼう》の始《はじ》まりだからね」

Q1

親子《おやこ》で挑戦《ちょうせん》! ことわざクイズ❶

親《おや》子《こ》に関《かん》することわざ編《へん》

この本《ほん》では「親《おや》の心《こころ》子《こ》知《し》らず」ということわざを紹《しょう》介《かい》しているけれど、親子《おやこ》に関《かん》することわざは、他《ほか》にもたくさんある！　親子《おやこ》って「あるある」の宝庫《ほうこ》なんだ。君《きみ》にはピンとこないものも多《おお》いだろうけど、「将来《しょうらい》、自分《じぶん》もそう思《おも》うのかな」くらいでいいので覚《おぼ》えてほしい。親子《おやこ》でクイズに挑戦《ちょうせん》してみよう！

クイズ　［　］に入《はい》る言葉《ことば》は?

1　はえば立《た》て、立《た》てば［　］の親心《おやごころ》

〈ヒント〉ハイハイの次《つぎ》は立《た》てるようになる。立《た》ったら次《つぎ》は何《なに》?

2　かわいい子《こ》には［　］をさせよ

〈ヒント〉昔《むかし》は移動《いどう》も大変《たいへん》なので、つらくてあぶないものだったよ。

3　［　］のしたい時分《じぶん》に親《おや》はなし

〈ヒント〉親《おや》が生《い》きているうちにやればよかったと後悔《こうかい》するもの。

4　親《おや》の［　］茶《ちゃ》が毒《どく》となる

〈ヒント〉(A)甘茶《あまちゃ》、(B)渋茶《しぶちゃ》、(C)冷茶《れいちゃ》、のうちどれ?

◀答《こた》えは次《つぎ》のページ

A1

親《おや》子《こ》に関《かん》することわざ編《へん》

クイズの答《こた》え

1

はえば立《た》て、立《た》てば〔歩《あゆ》め〕の親心《おやごころ》

わが子《こ》がハイハイできたら立《た》ってほしい、立《た》てたら次《つぎ》は歩《ある》いてほしいという、成長《せいちょう》を心待《こころま》ちにする親《おや》の気持《きも》ちを言《い》うことわざだよ。

2

かわいい子《こ》には〔旅《たび》〕をさせよ

子《こ》どもがかわいいからこそ、きびしい経験《けいけん》をさせ、成長《せいちょう》させてあげようという意味《いみ》だ。いまは旅《たび》も気軽《きがる》にできるようになったけどね。

3

〔孝行《こうこう》〕のしたい時分《じぶん》に親《おや》はなし

親《おや》の苦労《くろう》がわかるようになり、孝行《こうこう》したいと思《おも》ったときには、もう親《おや》はこの世《よ》にいない。親《おや》が生《い》きているうちに喜《よろこ》ぶことをしたいね。

4

親《おや》の〔甘《あま》〕茶《ちゃ》が毒《どく》となる

親《おや》が子《こ》どもを甘《あま》やかして育《そだ》てるのは、長《なが》い目《め》で見《み》るとその子《こ》にとってよくないという意味《いみ》。将来《しょうらい》きっと困《こま》ったことになってしまう。

え?え?
いってらっしゃーい!!

馬《うま》の耳《みみ》にねんぶつ

「ナンマンダブ、ナンマンダブ…」。ありがたいねんぶつを唱《とな》えてやっているのに、馬《うま》はもぐもぐと草《くさ》を食《は》んでいるだけ。だって、馬《うま》にはそのありがたさが理解《りかい》できないんだから。なかなか笑《わら》える光景《こうけい》だけど、これは人間《にんげん》にもあてはまるんだ。

君《きみ》も馬《うま》になっているときがないか？ 人《ひと》のアドバイス、意見《いけん》や注意《ちゅうい》がまったく耳《みみ》に入《はい》っていない。何度《なんど》聞《き》いてもスルー。そんな様子《ようす》に呆《あき》れた人《ひと》は「馬《うま》の耳《みみ》にねんぶつだな」とつぶやくだろう。一生懸命《いっしょうけんめい》話《はな》しても無駄《むだ》だというわけ。

予言《よげん》された君《きみ》へ!

君《きみ》のお父《とう》さんお母《かあ》さんは、いつもこのことわざをかみしめている?!

使《つか》い方《かた》

「タケちゃんったら、また朝《あさ》の当番《とうばん》忘《わす》れている！」
「あれだけ何度《なんど》も注意《ちゅうい》したのにね。馬《うま》の耳《みみ》にねんぶつだな」

江戸《えど》のかたきを長崎《ながさき》でうつ

サッカーの試合《しあい》に負《ま》けたくやしさを次《つぎ》の試合《しあい》にぶつけるというならわかる。でも、食《た》べ物《もの》の恨《うら》みをサッカーで晴《は》らすというのはワケがわからない。こんなふうに、意外《いがい》な場《ば》所《しょ》や関係《かんけい》ないことで恨《うら》みを晴《は》らすことを言《い》うことわざだ。

由来《ゆらい》は江戸時代《えどじだい》の職人《しょくにん》の人《にん》気《き》合戦《がっせん》。江戸《えど》で行《おこな》われた展示《てんじ》で、大阪職人《おおさかしょくにん》が大人気《だいにんき》に。江《え》戸《ど》職人《しょくにん》がくやしがっていたら、長崎《ながさき》から来《き》た職人《しょくにん》がさらに人《にん》気《き》を奪《うば》っていった。長崎《ながさき》がかたきをうってくれた！　と喜《よろこ》んだのが「長崎《ながさき》でうつ」という言葉《ことば》になったんだ。

予言《よげん》された君《きみ》へ！

本来《ほんらい》の勝負《しょうぶ》で勝《か》つのが一番《いちばん》いいよね。江戸《えど》のかたきは江戸《えど》でうて！

使《つか》い方《かた》

「ケン君《くん》にテストで勝《か》って嬉《うれ》しそう」
「まりちゃんの好《す》きなタイプがケン君《くん》と聞《き》いて、負《ま》けてたまるか！って」
「江戸《えど》のかたきを長崎《ながさき》でうつ、だね」

絵《え》に描《か》いたもち

わぁ、おいしそうなもち！　お腹《なか》すいた～って、絵《え》かよ！　意味《いみ》ないじゃん。どんなに本《ほん》物《もの》そっくりでも、絵《え》ではお腹《なか》を満《み》たすことはできないね。

「絵《え》に描《か》いたもち」は、役《やく》に立《た》たないこと、実現《じつげん》しそうにない計画《けいかく》を言《い》うことわざだ。「画餅《がべい》」とも言《い》って、昔《むかし》の中《ちゅう》国《ごく》で言《い》われていたのが由来《ゆらい》なんだ。

　いくら立派《りっぱ》なことを言《い》っても、言《い》っただけじゃあね…。「夏休《なつやす》みの宿題《しゅくだい》は7月中《がっちゅう》に終《お》わらせる」という立派《りっぱ》な目標《もくひょう》も、具体的《ぐたいてき》な計画《けいかく》をしないと予言《よげん》の通《とお》りだよ。やばい！

予言《よげん》された君《きみ》へ！

実現《じつげん》しそうになくとも、たまに壮大《そうだい》なもちを描《か》くのも楽《たの》しいよね。

使《つか》い方《かた》

「サイエンス全集《ぜんしゅう》買って！　夏休《なつやす》みの自《じ》由研究《ゆうけんきゅう》で賞《しょう》を取《と》るんだから」
「絵《え》に描《か》いたもちにならないよう、頑《がん》張《ば》ってね」

鬼《おに》に金棒《かなぼう》

A小《しょう》エースが入部《にゅうぶ》!!
わが強豪《きょうごう》チームはこれで鬼《おに》に金棒《かなぼう》だ!!
それ、バットじゃないよ…?

ただでさえ強《つよ》い鬼《おに》に、金棒《かなぼう》を持《も》たせるなんて！　どれだけ強《つよ》くなってしまうのか。想《そう》像《ぞう》するだけでやばい。

金棒《かなぼう》って、鬼《おに》にピッタリだよね。魔法《まほう》の杖《つえ》とかショットガンではこうはいかない。似《に》あうっていうところもポイント。ただでさえ強《つよ》い者《もの》にピッタリのよい条件《じょうけん》が加《くわ》わって、強《つよ》さが増《ま》すということだ。

もともと強《つよ》いチームに、上《じょう》手《ず》なメンバーが入《はい》ったらもっと強《つよ》いというように、いい意《い》味《み》で使《つか》うよ。「鬼《おに》に金棒《かなぼう》」って言《い》うときの無敵感《むてきかん》がいいよね！

使《つか》い方《かた》

「作文《さくぶん》コンクールに入賞《にゅうしょう》したあいちゃんが、英会話《えいかいわ》も始《はじ》めたんだって」
「英語《えいご》もペラペラになったら、鬼《おに》に金棒《かなぼう》だね！」

予言《よげん》された君《きみ》へ!

君《きみ》が手《て》に入《い》れたら、パワーアップする金棒《かなぼう》って何《なん》だろう?

鬼《おに》のいぬ間《ま》に洗濯《せんたく》

留守番中《るすばんちゅう》、宿題《しゅくだい》
やっておくのよ!!
お皿《さら》も洗《あら》っておいて!
わはは
極楽《ごくらく》
じゃ〜〜
マンガ

自分《じぶん》にとって怖《こわ》い人《ひと》、見張《みは》っている人《ひと》がいない間《あいだ》に、のびのびと過《す》ごすという意味《いみ》だ。

ここで言《い》う洗濯《せんたく》は、「命《いのち》の洗濯《せんたく》」のこと。日頃《ひごろ》の苦労《くろう》や、約束《やくそく》ごとなどから解放《かいほう》されて気晴《きば》らしをするんだね。

君《きみ》も、お母《かあ》さんが出《で》かけたとたんに、普段《ふだん》は制限《せいげん》されているゲームで遊《あそ》んだり、思《おも》いきりマンガを読《よ》んで楽《たの》しんだりしたことはないかな？　そんなぐうたらまで予言《よげん》されていたなんて、やばいね！

普段頑張《ふだんがんば》っている分《ぶん》、たまには息抜《いきぬ》きも必要《ひつよう》だよって、昔《むかし》の人《ひと》も言《い》っているかもね。

使《つか》い方《かた》

「隣《となり》のクラスから笑《わら》い声《ごえ》が聞《き》こえるけど、何《なに》しているんだろう」

「先生《せんせい》がお休《やす》みで自習《じしゅう》になったらしい。鬼《おに》のいぬ間《ま》に洗濯《せんたく》だね」

予言《よげん》された君《きみ》へ！

息抜《いきぬ》きは必要《ひつよう》だけど、ハメをはずしすぎないようにね。

鬼《おに》の目《め》にもなみだ

人《ひと》から恐《おそ》れられている鬼《おに》も、ときにはやさしい心《こころ》を見《み》せてなみだを流《なが》す。どんなに怖《こわ》い人《ひと》や冷《つめ》たい人《ひと》だって、かわいそうに思《おも》ったり感動《かんどう》したりすることはあるんだ。

このことわざは、江戸時代《えどじだい》のこんなシーンから生《う》まれた。「約束通《やくそくどお》り年貢《ねんぐ》を納《おさ》めろ！」「これ以上《いじょう》はご勘弁《かんべん》を」。土地《とち》の人々《ひとびと》から高《たか》い年貢《ねんぐ》を取《と》り立《た》てる代官《だいかん》は、鬼《おに》と呼《よ》ばれた。その代官《だいかん》が同情《どうじょう》から取《と》り立《た》てをゆるめると「鬼《おに》の目《め》にもなみだ」と言《い》われたんだ。まったく同情《どうじょう》しない人《ひと》は「血《ち》もなみだもない」と言《い》われるよ。

予言《よげん》された君《きみ》へ！

普段《ふだん》きびしい人《ひと》がなみだを流《なが》してたら、もらい泣《な》きしちゃいそうだね。

使《つか》い方《かた》

「あのきびしい田中先生《たなかせんせい》が、シン君《くん》の遅《ち》刻《こく》の言《い》いわけは聞《き》いたって」
「家族《かぞく》の看病《かんびょう》で遅《おく》れたんでしょ。鬼《おに》の目《め》にもなみだだよね」

帯《おび》に短《みじか》し たすきに長《なが》し

着物《きもの》の帯《おび》として使《つか》うには短《みじか》すぎる。かと言《い》って、たすき（着物《きもの》の袖《そで》をたくしあげるひものこと）にしようとすると長《なが》すぎてよくない。どっちつかずの中途半端《ちゅうとはんぱ》で使《つか》えない、役《やく》に立《た》たないものを言《い》うことわざだよ。

たとえば洋服《ようふく》のベスト。モコモコであったかいのに、袖《そで》がない。夏《なつ》にはもちろん着《き》られないし、冬《ふゆ》に着《き》たら腕《うで》が寒《さむ》い！　いつ着《き》たらいいんだっけ…っていうことあるよね。おしゃれだけど、防寒着《ぼうかんぎ》としては中途半端《ちゅうとはんぱ》だ。これもバッチリ予言《よげん》されていたんだね！

予言《よげん》された君《きみ》へ!

中途半端《ちゅうとはんぱ》なものをちょうどよく作《つく》り替《か》えられたら、発明《はつめい》になるかもよ。

使《つか》い方《かた》

「このメニューは、一人《ひとり》には多《おお》すぎるけど家族《かぞく》で食《た》べるには少《すく》ないな」
「帯《おび》に短《みじか》したすきに長《なが》しだね」

女心《おんなごころ》と秋《あき》のそら

秋《あき》のそらは、晴《は》れていたのに急《きゅう》に雨《あめ》がふるなど変《か》わりやすい。同《おな》じように、女《おんな》の人《ひと》の心《こころ》の移《うつ》ろいやすさを言《い》うことわざだ。

カナちゃんはこの間《あいだ》までマサル君《くん》が大好《だいす》きでラブラブだったのに、いつのまにかケン君《くん》が好《す》きになっていた！　そんなことも、ずっと昔《むかし》に予言《よげん》されていたんだ。

女心《おんなごころ》はコロコロ変《か》わるから、よくわからないよなぁっていう男子諸君《だんししょくん》。実《じつ》は、もとは「男心《おとこごころ》と秋《あき》のそら」だったんだよ。

江戸時代《えどじだい》までは、男《おとこ》の人《ひと》の浮気《うわき》しやすさ、女《おんな》の人《ひと》への愛情《あいじょう》の変《か》わりやすさを言《い》っていた。それが明治時代頃《めいじじだいごろ》から、恋愛以外《れんあいいがい》も含《ふく》めて「女心《おんなごころ》」に変《か》わっていったんだ。

予言《よげん》された君《きみ》へ！

男《おとこ》も女《おんな》も、人《ひと》の心《こころ》の変《か》わりやすさは一緒《いっしょ》なんだね。

使《つか》い方《かた》

「アクセサリー作《づく》りにハマっているって言《い》っていたよね。新作《しんさく》できた？」
「ううん。いまはお菓子作《かしづく》りだよ！」
「女心《おんなごころ》と秋《あき》のそらだね」

おぼれるものはわらをもつかむ

お願《ねが》いっ 宿題《しゅくだい》手伝《てつだ》ってーーっ
終《お》わんないっ
計算ドリル
3年

助《たす》けて！　アップアップ！　おぼれているときに、軽《かる》いわらをつかんでも何《なん》の助《たす》けにもならない。でも、まさにピンチのいま、冷静《れいせい》になんてなれないよね！

宿題《しゅくだい》手伝《てつだ》って！って幼《おさな》い弟《おとうと》にお願《ねが》い。よほどピンチなんだね。たのむ人《ひと》を間違《まちが》えているけど、それどころじゃない。これも予言《よげん》されていたよ！

わらは「たよりないもの、すがっても無駄《むだ》なもの」のたとえだから、人《ひと》に言《い》うときは注意《ちゅうい》しよう。「わらをもつかむ気持《きも》ちでお願《ねが》いします」なんて言《い》うと怒《おこ》られるぞ。

予言《よげん》された君《きみ》へ！

わらだとわかっていても、助《たす》けを求《もと》めずにはいられないこともある。

使《つか》い方《かた》

「お父《とう》さんに料理《りょうり》を教《おそ》わる？　お母《かあ》さんのほうが上手《じょうず》なのに？」「明日家庭科《あしたかていか》のテストなの。お母《かあ》さん帰《かえ》り遅《おそ》いし、おぼれるものはわらをもつかむだよ」

親《おや》の心《こころ》子《こ》知《し》らず

親《おや》は子《こ》に対《たい》する深《ふか》い愛情《あいじょう》を持《も》っている。でも、当《とう》の子《こ》どもは親《おや》の気《き》持《も》ちをわからずに、勝手《かって》気《き》ままに振《ふ》る舞《ま》ってしまう。反抗《はんこう》したり、あぶない遊《あそ》びをしたりね。

これも昔《むかし》から予言《よげん》されていたわけだけど、「確《たし》かに親《おや》の気《き》持《も》ちって、全然《ぜんぜん》わかんない!」と思《おも》うかもしれないね。親《おや》の愛《あい》は当《あ》たり前《まえ》すぎて子《こ》に伝《つた》わりづらい。

お母《かあ》さんが買《か》ってきた洋服《ようふく》を「ダサい!!」と一刀両断《いっとうりょうだん》。お母《かあ》さん、けっこう傷《きず》ついているかもよ!?

予言《よげん》された君《きみ》へ!

子《こ》どもの君《きみ》としては、「子《こ》の心《こころ》親《おや》知《し》らず」と言《い》いたいかも?

使《つか》い方《かた》

「遊《あそ》んでいると塾《じゅく》に遅刻《ちこく》しちゃうよ」
「いいのいいの。別《べつ》に行《い》きたくて行《い》っているわけじゃないから」
「親《おや》の心《こころ》子《こ》知《し》らずね」

火《か》中《ちゅう》の栗《くり》をひろう

自分《じぶん》には全然《ぜんぜん》いいことがないのに、誰《だれ》かのために危険《きけん》をおかすこと。

『イソップ物語《ものがたり》』に、こんな話《はなし》がある。猿《さる》と猫《ねこ》がいろりの中《なか》の栗《くり》が焼《や》けるのを待《ま》っていた。猿《さる》は猫《ねこ》をおだてて熱《あつ》い栗《くり》をひろわせ、全部《ぜんぶ》食《た》べてしまった。猫《ねこ》は大《おお》やけどをしたうえ、何《なに》も食《た》べられなかった。

「バカだなー、猫《ねこ》」と思《おも》う人《ひと》はいる。でも、みんなやりたくないことだからこそ、危険《きけん》を承知《しょうち》でチャレンジするのってかっこいいと思《おも》う人《ひと》もいるよね。ネガティブな意味《いみ》ばかりではないんだ。

予言《よげん》された君《きみ》へ!

火中《かちゅう》の栗《くり》を見事《みごと》にひろうことができれば、ヒーローになれるかも。

使《つか》い方《かた》

「トラブルが多《おお》くて試合《しあい》どころじゃないチームに、佐藤先生《さとうせんせい》が監督《かんとく》として入《はい》るんだって」

「火中《かちゅう》の栗《くり》をひろうわけだね」

かつおぶしを猫《ねこ》にあずける

かつおぶしは猫《ねこ》の大好物《だいこうぶつ》。それを猫《ねこ》にあずけたら…、いつ食《た》べられても不思議《ふしぎ》じゃないよね！ そんな油断《ゆだん》ならない状況《じょうきょう》、間違《まちが》いが起《お》きやすい状況《じょうきょう》をわざわざつくってしまうというのが、このことわざの意味《いみ》だ。

よく考《かんが》えずに、ふさわしくない人《ひと》に物事《ものごと》をまかせると危険《きけん》だ。災難《さいなん》が起《お》きてもしかたないと予言《よげん》されているよ。

このことわざの由来《ゆらい》は、江《え》戸《ど》時代《じだい》の発明家《はつめいか》で学者《がくしゃ》、平賀《ひらが》源内《げんない》という人《ひと》が書《か》いた書物《しょもつ》の一節《いっせつ》だ。昔《むかし》からうっかりはよくあったんだろうね。

予言《よげん》された君《きみ》へ！

つまみ食《ぐ》いを叱《しか》られたときにこれを言《い》ったら、もっと叱《しか》られるかも！

使《つか》い方《かた》

「かるたの札《ふだ》を並《なら》べるのを弟《おとうと》にまかせたら、すごい差《さ》で負《ま》けちゃった」
「札《ふだ》を覚《おぼ》えちゃったんだよ。 かつおぶしを猫《ねこ》にあずけたね」

聞《き》いて極楽《ごくらく》見《み》て地獄《じごく》

私《わたし》たちの行《い》ってる塾《じゅく》おもしろいよー!!
ハナちゃんもおいでよ！絶対《ぜったい》楽《たの》しいから！
じゃあ私《わたし》もそこ通《かよ》おうかな！

「楽《たの》しく勉強《べんきょう》できて、先生《せんせい》も面《おも》白《しろ》いよ」と聞《き》いて塾《じゅく》に行《い》ってみたら、すごくきびしくて必死《ひっし》に勉強《べんきょう》することになった、なんていう経験《けいけん》はないかな？

人《ひと》から聞《き》いていた話《はなし》と、実際《じっさい》は大違《おおちが》いということがある。だいたい、聞《き》いた話《はなし》より現実《げんじつ》のほうがきびしい。「聞《き》いていたのと違《ちが》う！」と言《い》いたくなる。それがこの予言《よげん》なんだ。

極楽《ごくらく》は仏教《ぶっきょう》の言葉《ことば》で、心穏《こころおだ》やかに過《す》ごせる幸《しあわ》せな場所《ばしょ》だ。それが急《きゅう》に地獄《じごく》って、落差《らくさ》がひどすぎるところもやばいよね。

もともと江戸時代《えどじだい》の遊郭《ゆうかく》（女《おんな》の人《ひと》が歌《うた》や踊《おど》りを見《み》せて、男《おとこ》の

人《ひと》の相手《あいて》をする場所《ばしょ》）をたとえたのが由来《ゆらい》だ。村《むら》の娘《むすめ》が「きれいな着物《きもの》を着《き》て、おいしいものが食《た》べられるよ」と言《い》われて遊《ゆう》郭《かく》に売《う》られてきたら、地獄《じごく》のような生活《せいかつ》が待《ま》っていたんだ。

予言《よげん》された君《きみ》へ！

「聞《き》いていたのと違《ちが》う！」っていうこと、大人《おとな》になってもよくあるよ。

使《つか》い方《かた》

「遊園地《ゆうえんち》どうだった?」
「どれも楽《たの》しいって聞いていたのに全然違《ぜんぜんちが》ったよ。絶叫《ぜっきょう》マシン苦手《にがて》だし、早《はや》く帰《かえ》りたくて」
「聞《き》いて極楽見《ごくらくみ》て地獄《じごく》だね」

窮《きゅう》すれば通《つう》ず

絶体絶命《ぜったいぜつめい》の大《だい》ピンチ！ そんなときほど道《みち》が開《ひら》け、解決《かいけつ》できるものだという意味《いみ》だよ。そんなに心配《しんぱい》しなくていい、行《い》き詰《づ》まった状態《じょうたい》は必《かなら》ず変《か》わると大昔《おおむかし》に予言《よげん》されているんだ。

実《じつ》はこれは、古代中国《こだいちゅうごく》の超有名《ちょうゆうめい》な占《うらな》いの書《しょ》『易経《えききょう》』の言葉《ことば》に基《もと》づいている。すべてのものは変化《へんか》するから、ピンチな状態《じょうたい》だって例外《れいがい》じゃない。

宿題《しゅくだい》をやらずに、夏休《なつやす》み最終日《さいしゅうび》になってしまった！ そんなやばすぎる状況《じょうきょう》も、どうにかなるかも（このピンチは避《さ》けられたはずだけどね）。

予言《よげん》された君《きみ》へ！

追《お》い込《こ》まれると力《ちから》が出《で》るけど、それまで何《なに》もしないのはダメ！

使《つか》い方《かた》

「オーディションの課題《かだい》が当日《とうじつ》に変《か》わったんだって?」
「でも、突然《とつぜん》アイデアがひらめいて合格《ごうかく》できたの。窮《きゅう》すれば通《つう》ずだね」

くさいものにふたをする

悪《わる》いことをしたり失敗《しっぱい》したりして、人《ひと》に知《し》られると都合《つごう》が悪《わる》いときに、一時《いちじ》のがれでかくそうとすること。見《み》たくないものから目《め》をそらすときにも使《つか》うよ。

ふたをしても、臭《にお》いのもとがそのままであれば一時的《いちじてき》な解決《かいけつ》にしかならないよね。ふたを取《と》れば結局《けっきょく》、くさい。むしろ、くささ倍増《ばいぞう》！　ふたをしていても漏《も》れるほどの激臭《げきしゅう》になるかも。やばいよ！

できなかったテストもかくせば見《み》なくて済《す》むけど、それも一時的《いちじてき》だからね！　って予《よ》言《げん》されているよ。

使《つか》い方《かた》

「友達《ともだち》の家《いえ》で模型《もけい》を壊《こわ》しちゃった。くっつけておいたけど、やっぱり謝《あやま》る」
「くさいものにふたをしているわけにはいかないよね」

予《よ》言《げん》された君《きみ》へ！

いったんふたをしてかくすと、開《あ》けるのが怖《こわ》くなってしまうんだ。

苦《くる》しいときの神《かみ》だのみ

「神様《かみさま》！ 一生《いっしょう》のお願《ねが》いです！」。神《かみ》もほとけもおがんだことがないのに、困《こま》ったときだけ急《きゅう》にたよる。神様《かみさま》もびっくりだ。君《きみ》もやったことあるよね？ 困《こま》りごとが解決《かいけつ》すればまた忘《わす》れちゃったりさ。

そんな自分《じぶん》の都合《つごう》だけで、神様《かみさま》にお願《ねが》いする身勝手《みがって》さを予言《よげん》したことわざだ。

いつも知《し》らん顔《かお》しているくせに、困《こま》ったときだけ誰《だれ》かをたよったりするときにも使《つか》うよ。そんな人《ひと》を見《み》ると「おいおい、都合《つごう》いいなぁ」って思《おも》うよね。でも、けっこう自分《じぶん》もやっていたりする。

予言《よげん》された君《きみ》へ!

たよられるほうも、神様《かみさま》にたとえられれば悪《わる》い気《き》はしないかな?

使《つか》い方《かた》

「明日《あした》のテスト範囲《はんい》教《おし》えて!」「勉強《べんきょう》は自分《じぶん》でするものだって、言《い》ってなかった?」「ノートを取《と》り忘《わす》れたんだ。苦《くる》しいときの神《かみ》だのみでさ、お願《ねが》い！」

弘法《こうぼう》は筆《ふで》を選《えら》ばず

「もうちょっと筆《ふで》がよければなぁ。いい作品《さくひん》ができたはずなんだけど」。下手《へた》な人《ひと》ほど道具《どうぐ》のせいにして言《い》いわけをする。本当《ほんとう》の名人《めいじん》は、どんな悪条件《あくじょうけん》でも一流《いちりゅう》の仕事《しごと》をするという意味《いみ》のことわざだ。

弘法《こうぼう》とは、日本《にほん》の書道家《しょどうか》としてベストスリーに挙《あ》げられる弘法大師《こうぼうだいし》のこと。真言宗《しんごんしゅう》の開祖《かいそ》としての名前《なまえ》「空海《くうかい》」も有名《ゆうめい》だね。弘法大師《こうぼうだいし》は筆《ふで》にもこだわりがあったけど、筆《ふで》が悪《わる》くともよい書《しょ》を書《か》くことができた。さすが名人《めいじん》！

卓球《たっきゅう》の名人《めいじん》なら、スリッパがラケットでも強《つよ》いかも!?

予言《よげん》された君《きみ》へ!

道具《どうぐ》にこだわったうえで、道具《どうぐ》にたよらないのがかっこいいね！

使《つか》い方《かた》

「ぼくのゲーム機《き》使《つか》っていいけど、コントローラーが調子《ちょうし》悪《わる》くて」
「それでもクリアしてみせる！ 弘法《こうぼう》は筆《ふで》を選《えら》ばずさ」

権兵衛《ごんべえ》が種《たね》まきゃからすがほじくる

せっかく仕事《しごと》をしても、他《た》人《にん》が壊《こわ》していくので無駄骨《むだぼね》だということわざ。どこかおかしみがあるよね。三重県《みえけん》に伝《つた》わる民話《みんわ》がもとになっている。権兵衛《ごんべえ》は江戸時代《えどじだい》に武士《ぶし》から農民《のうみん》に転職《てんしょく》したという実在《じつざい》の人物《じんぶつ》だ。慣《な》れない種《たね》まきで、まいたそばからからすに食《た》べられてしまう。村人《むらびと》たちは「権《ごん》兵衛《べえ》が種《たね》まきゃからすがほじくる／三度《さんど》に一度《いちど》は追《お》わねばなるまい」とはやし立《た》てた。

めげない権兵衛《ごんべえ》は、のちに村一番《むらいちばん》の農家《のうか》になる。ことわざになるほど愛《あい》されていたんだ。

使《つか》い方《かた》

「誕生日会用《たんじょうびかいよう》に料理《りょうり》をいろいろ作《つく》ったのに、お兄《にい》ちゃんが次々味見《つぎつぎあじみ》してなくなっちゃった」
「権兵衛《ごんべえ》が種《たね》まきゃからすがほじくる」

予言《よげん》された君《きみ》へ!

子《こ》どもの君《きみ》は「権兵衛《ごんべえ》」より「からす」に近《ちか》いことが多《おお》いかも?

猿《さる》も木《き》から落《お》ちる

木登《きのぼ》り達人《たつじん》の猿《さる》も、ときには失敗《しっぱい》して木《き》から落《お》ちることがある。その道《みち》にすぐれた人《ひと》も失敗《しっぱい》することだってあるさ、という意味《いみ》のことわざだ。

あいつにまかせれば大丈夫《だいじょうぶ》だ！ と絶大《ぜつだい》な信頼《しんらい》を得《え》ているエースだって、失敗《しっぱい》することもあるだろう。シュートが大《おお》きく外《はず》れて、本人《ほんにん》も周《まわ》りも「えー」って青《あお》ざめている…。そんなときは「猿《さる》も木《き》から落《お》ちるって言《い》うよ」とフォローしてあげよう。

昔《むかし》からちゃんと予言《よげん》され、たくさんフォローに使《つか》われてきたんだからね！

使《つか》い方《かた》

「先生《せんせい》が黒板《こくばん》に書《か》いた答《こた》えが間違《まちが》っていて、みんなびっくりしてたよ」
「先生《せんせい》が？　猿《さる》も木《き》から落《お》ちるって言《い》うしね」

予言《よげん》された君《きみ》へ！

失敗《しっぱい》したときは、このことわざで自分《じぶん》にフォローを入《い》れよう！

山椒《さんしょう》は小粒《こつぶ》でもぴりりとからい

ドッジボールで球《たま》が全然《ぜんぜん》当《あ》たらない！ 背《せ》は小《ちい》さいけどすばしこくて強《つよ》い。やるなあ！「山椒《さんしょう》は小粒《こつぶ》でもぴりりとからい」は、小《ちい》さくても、才能《さいのう》や力《ちから》や勇気《ゆうき》があったりしてあなどれないことを言《い》う。

山椒《さんしょう》を食《た》べたことはあるかな？ 日本《にほん》で昔《むかし》から使《つか》われている香辛料《こうしんりょう》で、うなぎなどにかけて食《た》べる。さわやかな香《かお》りと、舌《した》がピリピリするからさがたまらない！ 山椒《さんしょう》の実《み》は2〜3㎜と小《ちい》さいが、たいしたことないだろうと思《おも》ってたくさん口《くち》に入《い》れちゃうと大《たい》変《へん》なことになるぞ！

予言《よげん》された君《きみ》へ！

山椒《さんしょう》は英語《えいご》で「ジャパニーズペッパー」。まさに小《ちい》さな日本代表《にほんだいひょう》だ！

使《つか》い方《かた》

「4年生《ねんせい》のカズ君《くん》が、児童会《じどうかい》で6年生《ねんせい》に意見《いけん》してたよ。『それは違《ちが》うと思《おも》います！』って」「まさに、山椒《さんしょう》は小粒《こつぶ》でもぴりりとからいだね」

知《し》らぬがほとけ

知《し》れば腹《はら》が立《た》ったりショックを受《う》けたりすることも、知《し》らなければほとけのように心《こころ》穏《おだ》やかに過《す》ごすことができるという意味《いみ》のことわざだ。

真実《しんじつ》でも知《し》らないほうがいい場合《ばあい》があるなんて、やばい予言《よげん》だ。でも、たとえば好《す》きな子《こ》にバレンタインチョコをもらって大喜《おおよろこ》び！　じつは本命《ほんめい》に渡《わた》せなかったチョコだったなんてことは、知《し》らないほうが幸《しあわ》せでいられるよね。

他《ほか》に、かっこつけているのに鼻毛《はなげ》が出《で》ているような、本人《ほんにん》だけが知《し》らないのをバカにして言《い》う場合《ばあい》にも使《つか》うよ。

予言《よげん》された君《きみ》へ！

鼻毛《はなげ》は教《おし》えられたほうがいいか、知《し》らぬがほとけでいいか悩《なや》むね。

使《つか》い方《かた》

「タカ君《くん》、野球部《やきゅうぶ》のキャプテンに選《えら》ばれて喜《よろこ》んでたけど、コウ君《くん》が辞退《じたい》したからなんだって」
「知《し》らぬがほとけ。黙《だま》っていよう」

好《す》きこそものの上手《じょうず》なれ

好《す》きなことをやっているときは、あっという間《ま》に時間《じかん》が過《す》ぎるよね。努力《どりょく》とも思《おも》わずに続《つづ》けるから、どんどん上達《じょうたつ》していく。好《す》きなことはいつの間《ま》にか上手《じょうず》になるもんだという予言《よげん》だ。

500年《ねん》くらい前《まえ》に千利休《せんのりきゅう》という茶道《さどう》の達人《たつじん》が「器用《きよう》さと稽古《けいこ》と好《す》きの そのうちで好《す》きこそものの 上手《じょうず》なりけれ」と言《い》っている。上達《じょうたつ》するには「好《す》き」が一番《いちばん》なんだね。

君《きみ》は何《なに》が好《す》きかな？　自然《しぜん》と夢中《むちゅう》になってしまうことには、きっと才能《さいのう》がある。突《つ》き詰《つ》めれば大物《おおもの》になれるかも！

予言《よげん》された君《きみ》へ！

好《す》きの気持《きも》ちはすごいパワーだ！　昔《むかし》の人《ひと》も応《おう》援《えん》しているよ。

使《つか》い方《かた》

「この手作《てづく》りクッキーおいしい！　どんどん上達《じょうたつ》するね」
「好《す》きこそものの上手《じょうず》なれだよ。楽《たの》しいからあれこれ工夫《くふう》しているんだ」

Q2

親子《おやこ》で挑戦《ちょうせん》！ ことわざクイズ②

夫婦《ふうふ》に関《かん》することわざ編《へん》

もとは他人《たにん》だった二人《ふたり》が一緒《いっしょ》になり、長《なが》い時間《じかん》を過《す》ごす。その長《なが》い結婚生活《けっこんせいかつ》の中《なか》では悩《なや》みが出《で》ることもあるだろう。

夫婦《ふうふ》が仲《なか》よく暮《く》らしていくための秘訣《ひけつ》は、昔《むかし》からことわざとして多《おお》く定着《ていちゃく》しているよ。

君《きみ》のお父《とう》さん、お母《かあ》さんは知《し》っているかな？ 一緒《いっしょ》にやってみてね。

クイズ［　　］に入《はい》る言葉《ことば》は？

1 馬《うま》には［　　］みよ、人《ひと》には添《そ》うてみよ

〈ヒント〉馬《うま》と言《い》えば…。君《きみ》も体験《たいけん》したことがあるかな？

2 夫婦《ふうふ》［　　］は犬《いぬ》も食《く》わぬ

〈ヒント〉長《なが》く一緒《いっしょ》だから、仲《なか》がよくてもたまにはあるよね。

3 破《わ》れ鍋《なべ》に［　　］

〈ヒント〉(A)取《と》っ手《て》、(B)綴《と》じ蓋《ぶた》、(C)カレー、のうちどれ？

4 お前《まえ》百《ひゃく》までわしゃ［　　］まで

〈ヒント〉一緒《いっしょ》に長生《ながい》きしたいとき、相手《あいて》が百歳《ひゃくさい》なら自分《じぶん》は？

◀答《こた》えは次《つぎ》のページ

A2

夫婦《ふうふ》に関《かん》することわざ編《へん》

クイズの答《こた》え

1

馬《うま》には［乗《の》って］みよ、人《ひと》には添《そ》うてみよ

馬《うま》の素晴《すば》らしさは、その馬《うま》に実際《じっさい》に乗《の》ってみてはじめてわかる。同《おな》じように、夫婦《ふうふ》として一緒《いっしょ》にいれば相手《あいて》のよさがわかるということ。

2

夫婦《ふうふ》［ゲンカ］は犬《いぬ》も食《く》わぬ

なんでも食《た》べる犬《いぬ》だって、夫婦《ふうふ》ゲンカには見向《みむ》きもしない。小《ちい》さなことでケンカしてすぐ仲直《なかなお》りするんだから、放《ほう》っておけという意味《いみ》。

3

破《わ》れ鍋《なべ》に［綴《と》じ蓋《ぶた》］

ヒビの入《はい》った（破《わ》れた）お鍋《なべ》には、修理《しゅうり》した（綴《と》じた）蓋《ふた》がピッタリ。どんな人《ひと》にも似《に》あいの相手《あいて》がいるという意味《いみ》なんだ。

4

お前《まえ》百《ひゃく》までわしゃ［九十九《くじゅうく》］まで

夫婦《ふうふ》が仲《なか》よくともに長生《ながい》きすることを願《ねが》っている。「お前《まえ》」とは「お前《まえ》さん」という意味《いみ》で、夫《おっと》のこと。妻《つま》の目線《めせん》で言《い》った言葉《ことば》なんだ。

背《せ》に腹《はら》はかえられぬ

授業《じゅぎょう》始《はじ》めるぞー
ガラッ
ダダッ
すみません!! トイレ!!

武士《ぶし》が刀《かたな》で戦《たたか》っているとき、守《まも》らなくてはならないのは腹《はら》だ。胃《い》や腸《ちょう》など大事《だいじ》なものが入《はい》っていて、ここをやられれば致命傷《ちめいしょう》になる。腹《はら》を守《まも》るためになら、一番大事《いちばんだいじ》な背中《せなか》は守《まも》れなくてもしかたがない…。

やばすぎるでしょ、この状《じょう》況《きょう》。こういう差《さ》し迫《せま》った状況《じょうきょう》になったときに、多少《たしょう》の犠牲《ぎせい》を払《はら》うことで、より大切《たいせつ》なものが守《まも》れるだろうと予言《よげん》していることわざだ。

授業《じゅぎょう》は受《う》けたいけど、トイレ緊急警報《きんきゅうけいほう》！　そんなとき、授業《じゅぎょう》を犠牲《ぎせい》にするのはやむをえない。迷《まよ》わずトイレへ！

予言《よげん》された君《きみ》へ！

「背中《せなか》を犠牲《ぎせい》にしても生《い》き残《のこ》る」とサバイバル気分《きぶん》で使《つか》ってみよう。

使《つか》い方《かた》

「お父《とう》さんの地味《じみ》なカサをさすのはいやだなぁ」「あなたのカサは壊《こわ》れちゃったし、雨《あめ》なんだからしかたないよ。背《せ》に腹《はら》はかえられないでしょ」

前《ぜん》門《もん》の虎《とら》、後《こう》門《もん》の狼《おおかみ》

寝坊《ねぼう》して猛《もう》ダッシュ！　バスに間《ま》に合《あ》ったと思《おも》ったら渋滞《じゅうたい》にハマった！　なんて、悪《わる》いことは続《つづ》けて起《お》きるもの。一《ひと》つの災難《さいなん》をクリアしても、また次《つぎ》の災難《さいなん》がふりかかってくる。まったく、ほっと一息《ひといき》つく間《ま》もないよ。

そんな「あるある」も、このことわざで予言《よげん》されている。

門《もん》から入《はい》ってこようとする虎《とら》を追《お》い出《だ》したと思《おも》ったら、裏《うら》の入口《いりぐち》から狼《おおかみ》が迫《せま》ってきていた…というなんともやばい状況《じょうきょう》。

どんなに勇敢《ゆうかん》な人《ひと》でもさすがにまいっちゃうよ、という話《はなし》が昔《むかし》の中国《ちゅうごく》の書物《しょもつ》にあるんだ。

誤解《ごかい》しやすいのだけど、はさみうちされるのとは違《ちが》うから注意《ちゅうい》。すぐに次《つぎ》の災難《さいなん》にあうというやばさなんだ。

予言《よげん》された君《きみ》へ！

次々《つぎつぎ》に災難《さいなん》にあうのは困《こま》るけど、勇敢《ゆうかん》な感《かん》じがすることわざだよね。

使《つか》い方《かた》

「暑《あつ》くて喉《のど》がかわいて死《し》にそう！（ジュースをがぶ飲《の》み）うっ、お腹《なか》が…」

「今度《こんど》はお腹《なか》を壊《こわ》したの？　前門《ぜんもん》の虎《とら》、後門《こうもん》の狼《おおかみ》だね」

宝《たから》の持《も》ちぐされ

価値《かち》のあるものを持《も》っているのに、使《つか》っていない。使《つか》いこなせていない。もったいない！　そういうのを「宝《たから》の持《も》ちぐされ」と言《い》うよ。

モノだけでなく、才能《さいのう》もそうだよ。価値《かち》あるものは使《つか》ってナンボだ。

でも、実際《じっさい》には使《つか》い方《かた》がよくわからなかったり、本人《ほんにん》は宝《たから》だと気《き》づいていなかったりして活用《かつよう》できていないことはよくある。パソコンだって、使《つか》えなければ邪魔《じゃま》なだけ。

こう予言《よげん》されているとわかると「そうか！　もっと活用《かつよう》しよう」という気《き》になるね。

予言《よげん》された君《きみ》へ！

君《きみ》の持《も》っている価値《かち》あるもの、ちゃんと使《つか》っているかな？

使《つか》い方《かた》

「このオーブン、高《たか》かったのに全然使《ぜんぜんつか》っていないね」「そういえば電子《でんし》レンジばかり使《つか》っていたわ」「宝《たから》の持《も》ちぐされだよ」

立《た》っているものは親《おや》でも使《つか》え

教科書《きょうかしょ》にジュースをこぼした！　やばい、すぐに拭《ふ》かなくちゃ！　立《た》ち上《あ》がって拭《ふ》くものを取《と》りにいくヒマはない、とにかく早《はや》く！　お母《かあ》さん！

こんなときは親《おや》にたのんでも「自分《じぶん》で取《と》りなさいよ」と叱《しか》られないだろう。「立《た》っているものは親《おや》でも使《つか》えって言《い》うから」と言《い》いわけもできる。

本来《ほんらい》、目上《めうえ》の人《ひと》や年上《としうえ》の人《ひと》には用事《ようじ》を言《い》いつけにくい。昔《むかし》の人《ひと》はいまよりもっとたのみづらく感《かん》じて、このことわざに後押《あとお》ししてもらったんだね。だからって、毎日《まいにち》親《おや》を使《つか》ったりしないように！

予言《よげん》された君《きみ》へ！

目上《めうえ》の人《ひと》にたのむ言《い》いわけまで用意《ようい》してくれるなんて、やばい！

使《つか》い方《かた》

「あ！　風《かぜ》で宿題《しゅくだい》のレポートが！」
「よし、先生《せんせい》が取《と》ってこよう。遠慮《えんりょ》するな、立《た》っているものは親《おや》でも使《つか》えだ」

棚《たな》からぼたもち

まさかのホームイン!
ビュウッ
ワーッ

外野《がいや》フライでアウトのはずが、突風《とっぷう》のせいで相手《あいて》の守備《しゅび》が追《お》いつかず、ランナーホームイン！　ラッキー！　こういうのを「棚《たな》からぼたもち」と言《い》う。努力《どりょく》なしに思《おも》いがけない幸運《こううん》を得《え》ることを言《い》うことわざだ。略《りゃく》して「棚《たな》ぼた」。ぼたもちはお彼岸《ひがん》にほとけ様《さま》にそなえる甘《あま》いお菓子《かし》。昔《むかし》の人《ひと》にとって贅沢《ぜいたく》なものだったんだ。

そんなぼたもちが、口《くち》を開《あ》けて寝《ね》ていたら、棚《たな》から突然《とつぜん》ふってきて口《くち》に入《はい》るなんて、やばいよね！　こんな予言《よげん》はどんどん当《あ》たってほしい。

予言《よげん》された君《きみ》へ!

「ラッキー！」の代《か》わりに「棚《たな》ぼた！」と言《い》ってみよう。

使《つか》い方《かた》

「散歩中《さんぽちゅう》に偶然《ぐうぜん》、親戚《しんせき》のおじさんに会《あ》ったよ。それでお小遣《こづか》いもらっちゃった！」
「棚《たな》からぼたもちだったわね」

出《で》ものはれものところ嫌《きら》わず

おならはときと場所《ばしょ》を選《えら》ばず出《で》るときは出《で》る。ニキビなどはれものもそうだ。「いまはやめてほしかった」「鼻《はな》の頭《あたま》にはできないでほしかった」と言《い》っても、通用《つうよう》しない。おかまいなしに登場《とうじょう》するのだ。

うっかり人前《ひとまえ》でおならをしてしまったときの言《い》いわけとして言《い》うことが多《おお》い。本人《ほんにん》の意思《いし》と関係《かんけい》なしに、勝手《かって》に出《で》ちゃうんだからしかたないよね。おならの言《い》いわけをこんなことわざで言《い》ったら、かっこいいって思《おも》われるかも？出産《しゅっさん》のときにも使《つか》うよ。

予言《よげん》された君《きみ》へ！

うっかりおならが出《で》ちゃったときは、ことわざを使《つか》うチャンス！

使《つか》い方《かた》

「おでこの真《ま》ん中《なか》にニキビできちゃったんだね」「目立《めだ》つからいやだなぁ」「出《で》ものはれものところ嫌《きら》わず。しかたないよ」

天《てん》は二《に》物《ぶつ》を与《あた》えず

すごい美少女《びしょうじょ》で、みんなのあこがれ。でも、音楽《おんがく》の授業《じゅぎょう》で歌《うた》を聴《き》いたら、かなりオンチでちょっとがっかり。こんな「あるある」も、やばいくらい予言《よげん》されていたんだ。

一人《ひとり》の人間《にんげん》が生《う》まれつきの長所《ちょうしょ》や才能《さいのう》をいくつも持《も》つということはない。天《てん》はそういう大盤振《おおばんぶ》る舞《ま》いしてくれない。

二物《にぶつ》というのは、「二《ふた》つ」に限《かぎ》っているわけではなく、複数《ふくすう》を表《あらわ》している。「あいつは二物《にぶつ》も三物《さんぶつ》も持《も》っているじゃないか！」と思《おも》う人《ひと》にも、何《なに》か欠点《けってん》はあるはず。完璧《かんぺき》な人間《にんげん》はいないんだ。

予言《よげん》された君《きみ》へ！

天《てん》に与《あた》えられていないものを、努力《どりょく》で得《え》られることだってある。

使《つか》い方《かた》

「国語《こくご》から体育《たいいく》までオール5の小川君《おがわくん》、図工《ずこう》は2だって」

「絵《え》だけはダメだからね。天《てん》は二物《にぶつ》を与《あた》えずだ」

灯台《とうだい》もと暗《くら》し

あれっ?
タオルがないっ
腰《こし》についてるものは…?

なかなか見《み》つからなかった探《さが》し物《もの》が、実《じつ》は意外《いがい》と近《ちか》くにあったということはよくある。タオルを探《さが》していたら「そこにあるじゃん」と指摘《してき》されたりね。身近《みぢか》にあるものはかえって気《き》づきにくいということを「灯台《とうだい》もと暗《くら》し」と言《い》うよ。

灯台《とうだい》は、海《うみ》にある灯台《とうだい》のことではない。江戸時代《えどじだい》まで広《ひろ》く使《つか》われていた「ろうそく台《だい》」のことだ。火《ひ》を灯《とも》してあたりを明《あか》るく照《て》らすものの、灯台《とうだい》の真下《ました》は陰《かげ》になって見《み》えにくい。まだ電気《でんき》がなかった頃《ころ》の人《ひと》に「意外《いがい》と身近《みぢか》にあるよ」と予言《よげん》されているわけだ。

使《つか》い方《かた》

「こんなに近所《きんじょ》に、カブトムシがたくさんいる木《き》があったなんて!」
「灯台《とうだい》もと暗《くら》しだね」

予言《よげん》された君《きみ》へ!

メガネを頭《あたま》にかけたまま「メガネどこ?」っていうやつだ。

毒《どく》を食《く》らわば皿《さら》まで

これはもう、いかにもやばい。一度《いちど》悪《わる》いことをしてしまったら、取《と》り返《かえ》しがつかないから、いっそ最後《さいご》までやり通《とお》してしまえという意味《いみ》なんだ。

毒《どく》が入《はい》った食《た》べ物《もの》を一度《いちど》食《た》べてしまえば、もう死《し》ぬこと決定《けってい》。だから全部《ぜんぶ》食《た》べて、皿《さら》までなめたって同《おな》じことだ。むしろ皿《さら》までなめてしまえ。そういうすごい開《ひら》き直《なお》りからきている。

妹《いもうと》と半分《はんぶん》このおやつにちょっと手《て》を出《だ》しすぎちゃった。もう残《のこ》り2個《こ》しかない。こうなったら最後《さいご》まで食《た》べちゃえ！　そんなことってあるでしょ？

いまさら言《い》いわけできないか

ら、悪《あく》を貫《つらぬ》いてしまうわけだ。
そんなやけくそな気持《きも》ちも予《よ》言《げん》されていたんだね。
悪《わる》いことだけでなく、一度《いちど》始《はじ》めた大変《たいへん》なことを最後《さいご》までやり通《とお》すぞというときにも使《つか》うよ。

予言《よげん》された君《きみ》へ!

「こうなりゃやけくそだ！」って思《おも》うと、気《き》持《も》ちよかったりしない?

使《つか》い方《かた》

「すごい落《お》とし穴《あな》ができたね」
「あとは枯《か》れ葉《は》でかくすだけだから、ぼくが一人《ひとり》でできるよ」
「手伝《てつだ》うよ。毒《どく》を食《く》らわば皿《さら》までだ」

隣《となり》の芝生《しばふ》は青《あお》い

隣《となり》の子《こ》が持《も》っているアイスのほうがおいしそう。あっちのほうがいい！　本当《ほんとう》は自分《じぶん》のものとたいして変《か》わらないんだけどね。これ、絶対《ぜったい》に心《こころ》当《あ》たりあるでしょ！　実《じつ》は昔《むかし》から予言《よげん》されていました。

「隣《となり》の芝生《しばふ》は青《あお》い」は、他人《たにん》が持《も》っているものは、自分《じぶん》のものよりよく見《み》えるという意《い》味《み》のことわざだ。隣《となり》の家《いえ》の芝《しば》生《ふ》のほうが自分《じぶん》の家《いえ》のより青々《あおあお》ときれいに見《み》えると言《い》っているんだね。

誰《だれ》かをうらやましいと思《おも》ったら、このことわざを思《おも》い出《だ》そう。

予言《よげん》された君《きみ》へ！

他《ほか》の人《ひと》から見《み》たら、君《きみ》の持《も》ち物《もの》もうらやましいかもよ！

使《つか》い方《かた》

「君《きみ》の家《いえ》はいいなぁ。お母《かあ》さんがやさしくてお料理《りょうり》上手《じょうず》でうらやましい」

「そうかなあ。普通《ふつう》だよ。隣《となり》の芝生《しばふ》は青《あお》いってことだね」

捕《と》らぬ狸《たぬき》の皮算用《かわざんよう》

「お年玉《としだま》はいくらもらえるかな、あれとこれを買《か》って…」と計画《けいかく》して、でも思《おも》ったより少《すく》なくてがっかり、なんてことあるんじゃない？ まだ手《て》に入《はい》っていないのに、あてにして計画《けいかく》しちゃう。これもちゃんと予言《よげん》されていたよ。

昔《むかし》、狸《たぬき》の毛皮《けがわ》は高級《こうきゅう》な防寒《ぼうかん》具《ぐ》になった。だから、「狩《か》りに行《い》って狸《たぬき》を捕《と》ったらいくらになるぞ」って、つい計算《けいさん》してしまう。でも、狩《か》りが成功《せいこう》するとは限《かぎ》らないよね。しかも、相手《あいて》は人《ひと》を化《ば》かすという狸《たぬき》。皮算用《かわざんよう》の愚《おろ》かさをユーモラスに教《おし》えてくれているよ。

予言《よげん》された君《きみ》へ！

楽《たの》しく皮算用中《かわざんようちゅう》の君《きみ》のニヤニヤ顔《がお》も、きっと予言《よげん》されている！

使《つか》い方《かた》

「この宝《たから》くじ、一等《いっとう》は3千万円《ぜんまんえん》だって！もし当《あ》たったら、海外旅行《かいがいりょこう》に行《い》って…」
「まだ宝《たから》くじを買《か》ってすらいないじゃん。捕《と》らぬ狸《たぬき》の皮算用《かわざんよう》だね」

虎《とら》の威《い》を借《か》る狐《きつね》

ボクんちのパパは社長《しゃちょう》でぇーー
いとこは芸能人《げいのうじん》でぇーー

力《ちから》のない者《もの》が、他人《たにん》の力《ちから》をたよって周《まわ》りに威張《いば》ることを言《い》うことわざだ。

由来《ゆらい》は、中国《ちゅうごく》に古《ふる》くから伝《つた》わるこんな話《はなし》だ。虎《とら》が狐《きつね》を襲《おそ》おうとしたら、狐《きつね》が「ぼくは神様《かみさま》のつかいだから、食《た》べないほうがいいよ。嘘《うそ》だと思《おも》うならついてきて。どんな動物《どうぶつ》も逃《に》げていくから」と言《い》う。ついて行《い》くと、本当《ほんとう》に動物《どうぶつ》たちはみな逃《に》げる。実《じつ》はみんな虎《とら》を怖《こわ》がって逃《に》げていただけなんだけどね。

この狐《きつね》はかしこいが、あまりやると自分《じぶん》の小《ちい》ささが逆《ぎゃく》に目立《めだ》っちゃうぞ！

使《つか》い方《かた》

「クラスのリーダーだったコウちゃんが引《ひ》っ越《こ》して、みっ君元気《くんげんき》ないね」
「あんなに威張《いば》っていたのにね。虎《とら》の威《い》を借《か》る狐《きつね》だったんだよ」

予言《よげん》された君《きみ》へ!

言《い》われたくないことわざワースト10《テン》に入《はい》るかもしれない。

泥棒《どろぼう》を捕《と》らえて縄《なわ》をなう

泥棒《どろぼう》ー! 捕《つか》まえたぞ! いま縛《しば》るための縄《なわ》を作《つく》るからおとなしく待《ま》ってろよ…って遅《おそ》いわ! 遅《おそ》すぎてやばいわ。コントみたいで笑《わら》えるね。

普段《ふだん》何《なに》も準備《じゅんび》をせずに、事《じ》件《けん》が起《お》きてから慌《あわ》てて用意《ようい》することを「泥棒《どろぼう》を捕《と》らえて縄《なわ》をなう」と言《い》う。略《りゃく》して「泥《どろ》縄《なわ》」と言《い》って親《した》しまれるほど、「あるある」なんだ。

電気《でんき》が使《つか》えなくなったときのために懐中電灯《かいちゅうでんとう》を準備《じゅんび》しておけばいいのに、停電《ていでん》になってから「どこ?」「電池《でんち》は?」なんてまさにこれ。昔《むかし》から予《よ》言《げん》されていたんだね!

使《つか》い方《かた》

「次《つぎ》の授業《じゅぎょう》で発表《はっぴょう》だって、急《きゅう》に言《い》われた! いまから準備《じゅんび》する」
「どう考《かんが》えても間《ま》に合《あ》わないよ。泥棒《どろぼう》を捕《と》らえて縄《なわ》をなうだね」

予言《よげん》された君《きみ》へ!

「遅《おそ》いわ!」ってつっこむかわりに「泥縄《どろなわ》!」って言ってみよう。

どんぐりの背比《せいくら》べ

オレ31点《てん》だったー
ひでーなオレは32点《てん》だったぜ☆
……

テストの点数《てんすう》、1点《てん》差《さ》で勝《か》った！ というのが高得点《こうとくてん》での話《はなし》ならいい。31点《てん》や32点《てん》は、どっちもたいした点数《てんすう》じゃない。小《ちい》さなところで競《きそ》いあっても、あまり意味《いみ》がないよね。そこで「勝《か》った！」というのは、むしろ恥《は》ずかしいことだ。

どれも同《おな》じくらいで、すぐれた者《もの》がいないことを「どんぐりの背比《せいくら》べ」と言《い》う。ちょっとどんぐりに失礼《しつれい》な気《き》もするが、どんぐりはどれも形《かたち》や大《おお》きさが同《おな》じくらいだということからきている。どうせならもっと大《おお》きく競《きそ》いあおう。

使《つか》い方《かた》

「あはは、お兄《にい》ちゃんの絵《え》、下手《へた》だなぁ」
「お前《まえ》のだって何《なん》の絵《え》だかわかんないよ。どんぐりの背比《せいくら》べだって言《い》われるぞ」

予言《よげん》された君《きみ》へ！

似《に》たことわざの「目《め》くそ鼻《くそ》くそを笑《わら》う」よりはかわいいけど。

飛《と》んで火《ひ》にいる夏《なつ》の虫《むし》

夏《なつ》の夜《よる》、蛾《が》などの虫《むし》が電灯《でんとう》に集《あつ》まっているのを見《み》たことはあるかな？　夜行性《やこうせい》の昆虫《こんちゅう》の習性《しゅうせい》で、強《つよ》い光《ひかり》にどんどん近《ちか》づくのを止《と》められない。熱《あつ》い火《ひ》でも最後《さいご》には飛《と》び込《こ》んで焼《や》け死《し》んでしまう！

この夏《なつ》の虫《むし》をたとえたことわざが「飛《と》んで火《ひ》にいる夏《なつ》の虫《むし》」。危険《きけん》と気《き》づかず災難《さいなん》に飛《と》び込《こ》んでしまうことを予言《よげん》している。ひええ〜。

宿題《しゅくだい》が終《お》わってヒマになったことを伝《つた》えたら、お手伝《てつだ》いが待《ま》っていた…。しまったと思《おも》っても、もう遅《おそ》い。自分《じぶん》から飛《と》び込《こ》んでしまったね。

予言《よげん》された君《きみ》へ！

虫《むし》よりかしこいはずの人《にん》間《げん》でも「飛《と》び込《こ》む」ことがあるんだね。

使《つか》い方《かた》

「次《つぎ》の練習試合《れんしゅうじあい》の相手《あいて》、隣町《となりまち》のチームだって」「県大会《けんたいかい》の優勝《ゆうしょう》チームだよ！　飛《と》んで火《ひ》にいる夏《なつ》の虫《むし》って言《い》われないように、しっかり作戦《さくせん》をねろう！」

泣《な》きっ面《つら》にはち

悪《わる》いことがあったうえに、さらに悪《わる》いことが重《かさ》なることを言《い》うことわざだ。

悲《かな》しいことがあって、泣《な》いて顔《かお》がむくんでしまったところに、はちがチクっと刺《さ》してさらに顔《かお》がはれて痛《いた》い思《おも》いをするなんて、まったくツイてない。何《なに》もいま刺《さ》さなくても〜！　って言《い》いたくなるよね。

授業中《じゅぎょうちゅう》にモレそう…っていうのもよくある不運《ふうん》だ。さらに先《せん》生《せい》にあてられて、「何《なに》も聞《き》いてなかった！」なんてことになったら最悪《さいあく》だ。「なんでいまあてるの？」って泣《な》きたくなる。まさに「泣《な》きっ面《つら》にはち」だ。

でもなぜか、そういうことって多《おお》い。授業中《じゅぎょうちゅう》のアンラッキーが重《かさ》なってしまうこともしっかり予言《よげん》されていたなんて、やばいよね！

予言《よげん》された君《きみ》へ！

絶対《ぜったい》にいまはあてないで！　というときほど先生《せんせい》はあててくるものだ。

使《つか》い方《かた》

「昨日《きのう》のピクニックで、お弁当《べんとう》を地面《じめん》に落《お》としちゃって。しかも、そのあと雨《あめ》がふってきたの」

「泣《な》きっ面《つら》にはちとは、このことだね」

なくて七癖《ななくせ》

考《かんが》えるときに頭《あたま》をかく癖《くせ》、ペンをまわす癖《くせ》、ペンをかじる癖《くせ》…。

自分《じぶん》では気《き》づいていないかもしれないね。でも、「誰《だれ》もが何《なに》かしら癖《くせ》を持《も》っている」というのが、このことわざだ。

「なくて七癖《ななくせ》あって四十八《しじゅうはっ》癖《くせ》」を省略《しょうりゃく》しているんだ。一《いっ》見癖《けんくせ》がない人《ひと》でも、七《なな》つくらいは癖《くせ》があり、癖《くせ》が多《おお》い人《ひと》は四十八《しじゅうはち》もあるんだって。そんなにあるってやばいね！

癖《くせ》は人《ひと》に言《い》われないとなかなかわからない。君《きみ》にもあるよ〜って、昔《むかし》の人《ひと》に予言《よげん》されているんだ。

予言《よげん》された君《きみ》へ！

君《きみ》にはどんな癖《くせ》があるかな？　周《まわ》りの人《ひと》に聞《き》いてみよう。

使《つか》い方《かた》

「お父《とう》さんがくしゃみしたあと『チクショー』って叫《さけ》ぶ癖《くせ》、結婚《けっこん》する前《まえ》は知《し》らなかったわ」「お母《かあ》さんも爪《つめ》をかむ癖《くせ》があるよ。なくて七癖《ななくせ》と言《い》うでしょ」

憎《にく》まれっ子《こ》世《よ》にはばかる

人《ひと》から嫌《きら》われるような人《ひと》ほど、かえって評価《ひょうか》されたり、多《おお》くの人《ひと》をしたがえたりするという意味《いみ》のことわざだ。ここでの「はばかる」は、「幅《はば》を利《き》かせる」とか「はびこる」の意味《いみ》で使われている。

ワンパクだったり頑固《がんこ》だったりする子《こ》が、周《まわ》りから「ちょっとなぁ」と思《おも》われながら、たよりにされているなんていうことは多《おお》い。昔《むかし》からこのことわざで予言済《よげんず》みだ。活躍《かつやく》している人《ひと》に対《たい》する悪口《わるぐち》として言《い》うこともあるが、憎《にく》まれるくらいでちょうどいいという意味《いみ》もある。

予言《よげん》された君《きみ》へ!

嫌《きら》われることを恐《おそ》れて何《なに》もしないより、「憎《にく》まれっ子《こ》」でいいかも。

使《つか》い方《かた》

「あいつ、威張《いば》りんぼだよね」
「クラスではそう思《おも》われてるけど、下級《かきゅう》生《せい》たちには信頼《しんらい》されてるって。憎《にく》まれっ子《こ》世《よ》にはばかるだ」

猫《ね》に小《こ》判《ばん》

小判《こばん》は江戸時代《えどじだい》に使《つか》われていた高《たか》いお金《かね》。１枚《まい》でいまの10万円分《まんえんぶん》くらいだよ！　でも、これに価値《かち》があると思《おも》っているのは人間《にんげん》だけ。猫《ねこ》にあげたところで、喜《よろこ》ばない。チラリと見《み》て素通《すどお》りだろう。同《おな》じように、価値《かち》のわからない人《ひと》には、どんなに貴重《きちょう》なものも役《やく》に立《た》たないと予言《よげん》しているんだ。

高級《こうきゅう》な万年筆《まんねんひつ》も、大人《おとな》にとっては「いいもの」なんだろうけど、イマイチわからないよね。お父《とう》さんは「猫《ねこ》に小判《こばん》だったか」と、ちょっとがっかりかもしれない。

予言《よげん》された君《きみ》へ!

大人《おとな》になって価値《かち》に気《き》づくものも多い。大切《たいせつ》にとっておこう！

使《つか》い方《かた》

「お父《とう》さん、このレアなカードあげようか。すごく強《つよ》いキャラのだよ」
「ん？　それは何《なに》に使《つか》うの？」
「猫《ねこ》に小判《こばん》のようだね」

Q3

親子《おやこ》で挑戦《ちょうせん》！ ことわざクイズ③

動物《どうぶつ》に関《かん》することわざ編《へん》

「猿《さる》も木《き》から落《お》ちる」「猫《ねこ》に小判《こばん》」など、動物《どうぶつ》が出《で》てくることわざはこの本《ほん》の中《なか》にもたくさんあったよね。

動物《どうぶつ》を使《つか》ってのたとえはわかりやすく、親《した》しみやすい。

ここでは、さらに動物《どうぶつ》（生《い》き物《もの》）のことわざを集《あつ》めてみたよ。いくつわかるかな？

他《ほか》にも、気《き》になる動物《どうぶつ》のことわざを調《しら》べてみよう。

クイズ ［　　］に入《はい》る言葉《ことば》は？

1 犬《いぬ》も歩《ある》けば［　　］に当《あ》たる

〈ヒント〉「鬼《おに》に金《かな》［　］」と共通《きょうつう》する言葉《ことば》。

2 カエルの面《つら》に［　　］

〈ヒント〉人《ひと》にかけたら怒《おこ》られるけど、これがないと生《い》きられない。

3 月《つき》と［　　］

〈ヒント〉丸《まる》い甲羅《こうら》のある生《い》き物《もの》。色《いろ》は黒《くろ》っぽくてかなり地味《じみ》。

4 腐《くさ》っても［　　］

〈ヒント〉お祝《いわ》いのときによく食《た》べる高級《こうきゅう》な魚《さかな》だ。

◀答《こた》えは次《つぎ》のページ

A3

動物《どうぶつ》に関《かん》することわざ編《へん》

クイズの答《こた》え

1 犬《いぬ》も歩《ある》けば［棒《ぼう》］に当《あ》たる

出《で》しゃばった行動《こうどう》をすると災難《さいなん》にあうこと。または、何《なに》か行動《こうどう》を起《お》こせば思《おも》わぬ幸運《こううん》に出合《であ》うこと。いまは後者《こうしゃ》の意味《いみ》でよく使《つか》う。

2 カエルの面《つら》に［水《みず》］

カエルの顔《かお》に水《みず》をかけても、カエルは平気《へいき》だよね。どんな仕打《しう》ちをうけてもいっこうに気《き》にせず平気《へいき》でいるさまを言《い》うよ。

3 月《つき》と［すっぽん］

同《おな》じように丸《まる》くても、夜空《よぞら》に輝《かがや》く月《つき》と、泥《どろ》の中《なか》のすっぽんではあまりにも違《ちが》う。差《さ》が大《おお》きすぎて比較《ひかく》にならないことのたとえだよ。

4 腐《くさ》っても［鯛《たい》］

腐《くさ》っても、鯛《たい》にはやはり価値《かち》がある。すぐれた素質《そしつ》や価値《かち》のあるものは、多少悪《たしょうわる》くなってもそれなりの価値《かち》があるという意味《いみ》だよ。

寝《ね》耳《みみ》に水《みず》

今《いま》からテストしまーす！
バッシャーーン
聞《き》いてないっっ!!

思《おも》いがけない知《し》らせや突然《とつぜん》の出来事《できごと》に驚《おどろ》くことを「寝耳《ねみみ》に水《みず》」と言《い》う。

昔《むかし》はいまみたいに工事《こうじ》がしっかりされていなかったから、大雨《おおあめ》がふるとよく洪水《こうずい》になった。寝《ね》ている夜《よる》だと被害《ひがい》も大《おお》きくなってしまう。そうならないよう、用心《ようじん》しようということだね。

寝《ね》ているとき、突然《とつぜん》ザザーッと洪水《こうずい》が押《お》し寄《よ》せてくる音《おと》が聞《き》こえたらやばいよね！　びっくりして飛《と》び起《お》きるよ。

え？　今日《きょう》テストがあるなんて寝耳《ねみみ》に水《みず》だって？　バッチリ目《め》が覚《さ》めちゃったね！

予言《よげん》された君《きみ》へ！

早口言葉《はやくちことば》みたいなところも、びっくり感《かん》があって面白《しろ》い！

使《つか》い方《かた》

「君《きみ》のお兄《にい》さん、留学生試験《りゅうがくせいしけん》に合格《ごうかく》したんだって?」

「来月《らいげつ》からアメリカに1年《ねん》なんて、思《おも》いもしなかった。寝耳《ねみみ》に水《みず》だよ」

喉元《のどもと》すぎれば熱《あつ》さわすれる

熱《あつ》い飲《の》み物《もの》や食《た》べ物《もの》は、飲《の》み込《こ》むときに「熱《あつ》っ!」って泣《な》きそうになるけれど、いったん喉元《のどもと》をすぎてしまえばその熱《あつ》さは感《かん》じない。同《おな》じように、ひどい目《め》にあっても、すぎ去《さ》ってしまえばそのつらさをわすれてしまうものだ。だからまた失敗《しっぱい》する、ともいえるし、だからまた挑戦《ちょうせん》できる、とも考《かんが》えられる。

アイスクリームを食《た》べすぎてお腹《なか》を壊《こわ》したばかりなのに、もうつらさをわすれて食《た》べている…。ほら、その行動《こうどう》は予《よ》言《げん》されていたよ!

予言《よげん》された君《きみ》へ!

困《こま》ったときに助《たす》けてもらった恩《おん》も、忘《わす》れがちだから気《き》をつけよう。

使《つか》い方《かた》

「前《まえ》に、水着《みずぎ》をわすれてプールに入《はい》れなくて、くやしがってなかった?」
「水泳《すいえい》の日《ひ》はメモするって決《き》めたのに!喉元《のどもと》すぎれば熱《あつ》さわすれるだ」

のれんに腕《うで》おし

ねーーねーパパー♡
今月《こんげつ》もう少《すこ》し
おこづかい
ほしーなー
なんて♡ 少《すこ》しでいーんだけどぉー

ラーメン店《てん》や旅館《りょかん》などの店《みせ》先《さき》につるしている、布《ぬの》の仕切《しき》りがのれん。軽《かる》くおせば、スルリと中《なか》に入《はい》れる。力《ちから》を込《こ》めておしても意味《いみ》はない。その力《ちから》は無駄《むだ》になっちゃう。「のれんに腕《うで》おし」は、相手《あいて》に一生懸命働《いっしょうけんめいはたら》きかけても手《て》ごたえがなく、張《は》りあいがないさまを言《い》うことわざだ。

お小遣《こづか》いをねだっても、「はいはい今度《こんど》ね」なんてかわされるのがまさにそう。現代《げんだい》は家《いえ》の中《なか》でのれんを見《み》ることは少《すく》ないけど、「のれんに腕《うで》おし」はよく見《み》られる。しっかり予言《よげん》されていたんだ。

予言《よげん》された君《きみ》へ!

相手《あいて》がのれんだと気《き》づいたら、別《べつ》の手《て》を考《かんが》えるしかないな。

使《つか》い方《かた》

「大好《だいす》きなゆみちゃんに、またプレゼント?」
「うん。アタックし続《つづ》けているんだけど、のれんに腕《うで》おしだよ」

人《ひと》の口《くち》には戸《と》は立《た》てられぬ

「絶対誰《ぜったいだれ》にも言《い》わないでね」という約束《やくそく》は、たいてい破《やぶ》られる。君《きみ》も、誰《だれ》かの秘密《ひみつ》をうっかりしゃべっちゃった〜、なんていうことはないかな？ 内緒《ないしょ》で話《はな》した好《す》きな人《ひと》のことが、別《べつ》の友達《ともだち》に知《し》られていた！ なんていうのもよくある話《はなし》。昔《むかし》の人《ひと》にバッチリ予言《よげん》されているよ。

こういうとき、「人《ひと》の口《くち》には戸《と》は立《た》てられぬ」と言《い》う。家《いえ》の扉《とびら》と違《ちが》って、人《ひと》の口《くち》に戸《と》を付《つ》けて閉《し》めておくことはできないから、うわさが広《ひろ》がるのは止《と》められないと言《い》っているんだ。

使《つか》い方《かた》

「サトシ君《くん》がキッズモデルをやっていること、みんな知《し》っているよ」
「ちょっと恥《は》ずかしいけど、人《ひと》の口《くち》には戸《と》は立《た》てられぬって言《い》うからね」

予言《よげん》された君《きみ》へ!

ホントに秘密《ひみつ》のことは、自分一人《じぶんひとり》の胸《むね》にしまっておこう。

武士《ぶ し》は食《く》わねど高楊枝《たかようじ》

武士《ぶし》が爪楊枝《つまようじ》をくわえ、ゆうゆうと食後《しょくご》の一休《ひとやす》み。実《じつ》はお金《かね》がなくて、何《なに》も食《た》べていないんだけどね。

こういうのを、ことわざでは「武士《ぶし》は食《く》わねど高楊枝《たかようじ》」と言《い》う。武士《ぶし》は、どんなに貧《まず》しくてもそれがバレるのはかっこ悪《わる》いと考《かんが》えていた。だからくわえた楊枝《ようじ》で「腹《はら》いっぱい」とかっこつけたわけだ。

貧《まず》しかったり、つらい環境《かんきょう》にあったりしても、気位《きぐらい》は高《たか》く持《も》とうという意味《いみ》で使《つか》う。真冬《まふゆ》に半袖半《はんそではん》ズボン。本当《ほんとう》は寒《さむ》いけど、このことわざを言《い》えば気分《きぶん》がよくなるかも。

予言《よげん》された君《きみ》へ!

武士《ぶし》はもういないけど、その精神《せいしん》は君《きみ》に受《う》けつがれている。

使《つか》い方《かた》

「一《ひと》つだけ残《のこ》っていたケーキを妹《いもうと》にゆずったんだって?」
「本当《ほんとう》は食《た》べたかったけど、武士《ぶし》は食《く》わねど高楊枝《たかようじ》だよ」

骨《ほね》折《お》り損《ぞん》のくたびれもうけ

苦労《くろう》して作《つく》ったおばけなのに、怖《こわ》がるどころか「何《なに》やってんの？」って、力《ちから》が抜《ぬ》けるね。「骨《ほね》折《お》り損《ぞん》のくたびれもうけ」は、頑《がん》張《ば》ったのに何《なに》もいいことがなく、ただ疲《つか》れただけという意味《いみ》のことわざだ。「骨《ほね》を折《お》る」とは一生《いっしょう》懸命《けんめい》に物事《ものごと》を行《おこな》うこと。「骨《ほね》折《お》り」は苦労《くろう》のことだ。

苦労《くろう》して頑張《がんば》った分《ぶん》が「損《そん》」になり、もうかったのは「くたびれ」だけだったという残念《ざんねん》さ。いいことなしで、疲《つか》れが残《のこ》っただけというわけだ。「無駄《むだ》なことしちゃったよなぁ」という後《こう》悔《かい》の気持《きも》ちが入《はい》っているよ。

トホホな様子《ようす》がよくわかるし、リズムがよくて何度《なんど》も言《い》いたくなるところもやばい。こういうことあるよね。見事《みごと》な予言《よげん》だ。

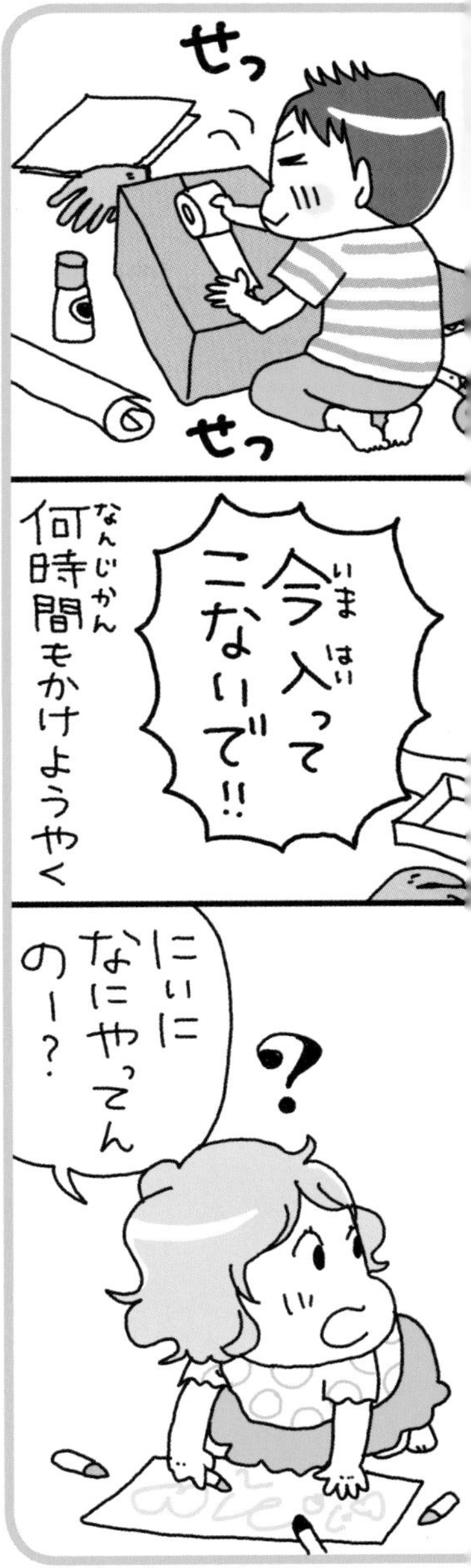

予言《よげん》された君《きみ》へ！

こんなときは、このことわざで気持《きも》ちを切《き》りかえて、次《つぎ》に進《すす》もう。

使《つか》い方《かた》

「せっかく落《お》ち葉《ば》をはいて校庭《こうてい》をきれいにしたのに！」

「強《つよ》い風《かぜ》で全部《ぜんぶ》散《ち》らばったね。骨《ほね》折《お》り損《ぞん》のくたびれもうけだ」

下《へ》手《た》の横《よこ》好《ず》き

下《へ》手《た》なのに好《す》きで熱心《ねっしん》に取《と》り組《く》んでいることを言《い》うことわざだ。見当《けんとう》はずれだという意味《いみ》で「横《よこ》」とついている。

上手《じょうず》なわけでもないのに、やたらと好《す》きで夢中《むちゅう》になってやっている人《ひと》、いるよね。

これも予言《よげん》されちゃっていたわけだけど、ズバリ「下《へ》手《た》の横《よこ》好《ず》き」とは手《て》きびしい。

もちろん、他人《たにん》に使《つか》えばバカにした意味《いみ》になる。

自分《じぶん》のことを言《い》うときは、「あまり上手《じょうず》ではないのですが」と謙遜《けんそん》して言《い》っていることになるよ。

使《つか》い方《かた》

「よっちゃんは本当《ほんとう》に将棋《しょうぎ》が強《つよ》いよね。プロになれるかも?」
「いやいや、しょせんは下《へ》手《た》の横《よこ》好《ず》き。プロを目指《めざ》すレベルじゃないよ」

予言《よげん》された君《きみ》へ!

好《す》きで夢中《むちゅう》になれるものがあるのなら、下《へ》手《た》だってかまわないさ。

身《み》から出《で》たさび

「身《み》から出《で》たさび」は、自分《じぶん》がした悪《わる》いことのために自分《じぶん》が苦《くる》しむ、ということわざだ。

カサは振《ふ》りまわしちゃいけないって言《い》われているのに、振《ふ》りまわしたせいではちの巣《す》が！　予言《よげん》の通《とお》り、自分《じぶん》のせいで苦《くる》しんじゃうよ。

君《きみ》は日本刀《にほんとう》を見《み》たことがあるかな？　本体《ほんたい》の金属《きんぞく》の部分《ぶぶん》を「身《み》」と呼《よ》ぶんだけど、放《ほう》っておくとさびが出《で》てしまう。さびが進《すす》むと全体《ぜんたい》が腐《くさ》って使《つか》い物《もの》にならなくなる。

この刀《かたな》の「身《み》」と自分自身《じぶんじしん》を表《あらわ》す「身《み》」をかけているんだ。シャレてるね！

予言《よげん》された君《きみ》へ！

誰《だれ》も同情《どうじょう》してくれないこんなときは、つらいけど一人《ひとり》で反省《はんせい》しよう。

使《つか》い方《かた》

「自転車《じてんしゃ》で転《ころ》んでけがしちゃった」
「かっこつけて手放《てばな》し運転《うんてん》してたんでしょ？　身《み》から出《で》たさびだよ」

無理《むり》が通《とお》れば道理《どうり》ひっ込《こ》む

世《よ》の中《なか》には、筋《すじ》の通《とお》っていること（道理《どうり》）と、筋《すじ》の通《とお》っていないこと（無理《むり》）の二《ふた》つがある。筋《すじ》の通《とお》らないことが正々堂々《せいせいどうどう》行《おこな》われて、そっちが主流《しゅりゅう》になってしまえば、本来《ほんらい》の正《ただ》しいことが行《おこな》われなくなるという意味《いみ》のことわざだ。

よく周《まわ》りを見《み》てみれば、あるある、こんなこと。ルールを無視《むし》する人《ひと》が増《ふ》えて、そっちのほうが大《おお》きな顔《かお》をしていたり、力《ちから》のある人《ひと》が強引《ごういん》に物事《ものごと》を進《すす》めていたりね。昔《むかし》の人《ひと》の予言《よげん》の通《とお》りだ…と思《おも》ってしまう。このことわざで、本人《ほんにん》に教《おし》えてやれ！

予言《よげん》された君《きみ》へ！

何《なに》かおかしくないか？と思《おも》ったら、何《なに》が道理《どうり》で何《なに》が無理《むり》か確認《かくにん》だ。

使《つか》い方《かた》

「実験《じっけん》の片《かた》づけが、科学《かがく》クラブのメンバーだけに押《お》しつけられているんだ」
「そんなの、無理《むり》が通《とお》れば道理《どうり》ひっ込《こ》むだよ。全員《ぜんいん》でするのが当《あ》たり前《まえ》だ」

●本書へのご意見・ご感想をお聞かせください。

ご協力ありがとうございました。

郵便はがき

切手を
お貼りください

105-0003

（受取人）
東京都港区西新橋2-23-1
3東洋海事ビル
（株）アスコム

やばいことわざ

読者　係

本書をお買いあげ頂き、誠にありがとうございました。お手数ですが、今後の出版の参考のため各項目にご記入のうえ、弊社までご返送ください。

お名前	男・女	才
ご住所　〒		
Tel	E-mail	
この本の満足度は何％ですか？		％
今後、著者や新刊に関する情報、新企画へのアンケート、セミナーのご案内などを郵送またはｅメールにて送付させていただいてもよろしいでしょうか？ □はい　□いいえ		

返送いただいた方の中から**抽選で3名**の方に
図書カード3000円分をプレゼントさせていただきます。

当選の発表はプレゼント商品の発送をもって代えさせていただきます。
※ご記入いただいた個人情報はプレゼントの発送以外に利用することはありません。
※本書へのご意見・ご感想およびその要旨に関しては、本書の広告などに文面を掲載させていただく場合がございます。

目《め》くそ鼻《はな》くそを笑《わら》う

目《め》くそとか鼻《はな》くそとか、やばい感《かん》じがするけど、これも立派《りっぱ》なことわざです。目《め》くそ（目《め》ヤニ）が、鼻《はな》くそを「やーい、汚《きたな》いぞ」って笑《わら》っているところを想像《そうぞう》してみよう。鼻《はな》くそは「お前《まえ》が言《い》うな！」って怒《おこ》るだろうね。目《め》くそも鼻《はな》くそも似《に》たようなものだ。自分《じぶん》の欠点《けってん》に気《き》づかず、人《ひと》の欠点《けってん》をバカにして笑《わら》うことを言《い》っているんだ。

教科書《きょうかしょ》を忘《わす》れた子《こ》が、体操《たいそう》服《ふく》を忘《わす》れた子《こ》をバカにして笑《わら》うなんて、まさにそれ。ケンカしていると「目《め》くそ鼻《はな》くそ」と言《い》われちゃうぞ。

使《つか》い方《かた》

「あはは、いまだにピーマン食《た》べられないわけ?」
「そっちこそ、トマト食《た》べないじゃん！目《め》くそ鼻《はな》くそを笑《わら》うと言《い》われるよ」

予言《よげん》された君《きみ》へ!

レベルの低《ひく》い争《あらそ》いを見《み》かけたら、このことわざを言《い》ってやろう。

目《め》は口《くち》ほどにものを言《い》う

お父様《とうさま》あけましておめでとうございまぁ〜す♥
ハイハイ
お年玉

思《おも》った以上《いじょう》に目《め》には感情《かんじょう》があらわれるものだ。言葉《ことば》にしなくても、目《め》の表情《ひょうじょう》で相手《あいて》に伝《つた》えることができる。逆《ぎゃく》に言《い》えば、言葉《ことば》でごまかしても、目《め》を見《み》ればわかっちゃうよ、という予言《よげん》でもある。

嘘《うそ》をついているとき目《め》がオドオドと動《うご》いていたり、つくり笑《わら》いしていても目《め》は笑《わら》っていなかったり。目《め》でバレちゃうからやばいよね。目《め》の動《うご》きを自分《じぶん》でコントロールするのは難《むずか》しいんだ。

お正月《しょうがつ》のあいさつ中《ちゅう》、目《め》に¥マークが出《で》ちゃっているのもこれだね！

予言《よげん》された君《きみ》へ！

相手《あいて》の本心《ほんしん》が知《し》りたかったら、目《め》をよく見《み》てみよう。

使《つか》い方《かた》

「ケンカしていたあの二人《ふたり》、仲直《なかなお》りしたんだって?」
「口《くち》ではそう言《い》っていたけど、どうかな。目《め》は口《くち》ほどにものを言《い》うから」

やぶをつついてへびを出《だ》す

何《なに》もしなければ平和《へいわ》に時間《じかん》が過《す》ぎたはずなのに…。わざわざ余計《よけい》なことをして面倒《めんどう》や災《わざわ》いを招《まね》くことを「やぶをつついてへびを出《だ》す」と言《い》う。略《りゃく》して「やぶへび」だ。

つつかなくていいやぶをつついたおかげで、危険《きけん》なへびが出《で》てきちゃったんだね。ぎゃー、やばいぞ！

いまは近所《きんじょ》のやぶでへびを出《だ》すことは少《すく》ないかもしれないけど、「やぶへび」はしょっちゅうある。

宿題《しゅくだい》はこれだけですか？って、なんでそんなこと言《い》っちゃうんだろう！

使《つか》い方《かた》

「何《なに》があったか知《し》らないけど、お父《とう》さんもお母《かあ》さんもケンカしないで」
「原因《げんいん》はあなたの成績《せいせき》でしょ！」
「やぶをつついてへびが出《で》ちゃった」

予言《よげん》された君《きみ》へ！

「怖《こわ》いもの見《み》たさ」で余《よ》計《けい》なことをしちゃうときもあるよね。

幽霊《ゆうれい》の正体見《しょうたいみ》たり枯《か》れ尾花《おばな》

今度《こんど》くる校長先生《こうちょうせんせい》、めっちゃ怖《こわ》いらしいよ!!
ギン!!
はじめまして
ニコー
あれ?
あれ?

「で、で、出《で》たぁ〜! おばけだぁ〜!」「よく見《み》ろよ、枯《か》れたススキだ」

怖《こわ》い怖《こわ》いと思《おも》っていると、なんでもないものも恐《おそ》ろしく見《み》える。「尾花《おばな》」とはススキの別名《べつめい》だ。なーんだ。正体《しょうたい》がわかってしまえば、もう怖《こわ》くないよね。怖《こわ》いとうわさされている人《ひと》に実際会《じっさいあ》ってみたら、そうでもなかったということ、あるのでは?

「わからない」ことそのものが一番怖《いちばんこわ》くて、正体《しょうたい》を知《し》れば案外《あんがい》たいしたものではないことが多《おお》いという、深《ふか》〜い意味《いみ》が込《こ》められているよ。

予言《よげん》された君《きみ》へ!

ずっと怖《こわ》いままにしておくより、勇気《ゆうき》を出《だ》して、正体《しょうたい》を解明《かいめい》しよう。

使《つか》い方《かた》

「ベッドの下《した》に何《なに》かいる! お兄《にい》ちゃん、確《たし》かめてよ」
「ぬいぐるみがはさまっていたよ。幽霊《ゆうれい》の正体見《しょうたいみ》たり枯《か》れ尾花《おばな》だ」

来年《らいねん》のことを言《い》えば鬼《おに》が笑《わら》う

将来《しょうらい》のことを予測《よそく》してあれこれ言《い》っても、それが当《あ》たるかどうか誰《だれ》にもわからない。あまりさきのことばかり言《い》うと、普段《ふだん》は怖《こわ》い顔《かお》の鬼《おに》も笑《わら》っちゃうよ、とからかい半分《はんぶん》に言《い》うのがこのことわざだ。

鬼《おに》は楽《たの》しくて笑《わら》うのではなく、「人間《にんげん》はバカだなぁ」とあざ笑《わら》うんだ。明日《あした》何《なに》が起《お》こるかもわからないのに、来年《らいねん》のことがわかるはずがない。

いまは本当《ほんとう》にさきのことを予測《よそく》しにくいよね。それなのに来年《らいねん》のことをあれこれ言《い》ったりしたら、鬼《おに》も笑《わら》い転《ころ》げて大変《たいへん》だ！

予言《よげん》された君《きみ》へ！

自分《じぶん》の努力《どりょく》で達成《たっせい》する来年《らいねん》の目標《もくひょう》なら、きっと鬼《おに》も笑《わら》わない。

使《つか》い方《かた》

「来年《らいねん》はどんなゲームがはやるかなぁ」
「誰《だれ》にもわからないよ。来年《らいねん》のことを言《い》えば鬼《おに》が笑《わら》うと言《い》うよ」

世《よ》の中《なか》は三日《みっか》見《み》ぬ間《ま》の桜《さくら》かな

クラスのリーダー的《てき》存在《そんざい》のボク!!!
サトシくーん
サトシ君《くん》昨日《きのう》あのテレビ見《み》たー？
やっと熱《ねつ》が下《さ》がったわね
明日《あした》は学校《がっこう》行《い》けるかな？

桜《さくら》の花《はな》は、満開《まんかい》になったと思《おも》ったら、あっという間《ま》に散《ち》ってしまう。そんなはかない桜《さくら》の命《いのち》になぞらえて、世《よ》の中《なか》の移《うつ》り変《か》わりの早《はや》さを予言《よげん》している。

たとえば、三日間《みっかかん》学校《がっこう》を休《やす》んだら、もうクラスの人間関係《にんげんかんけい》が変《か》わっている！　なんていうこともありうるよ。

人間関係《にんげんかんけい》だけじゃなく、スマホやゲームもどんどん進化《しんか》するし、はやっているものも変《か》わっていく。現代《げんだい》は変化《へんか》のスピードがとても早《はや》い。できたばかりのお店《みせ》が別《べつ》のお店《みせ》に変《か》わっていたりね。

実《じつ》はこのことわざは、江戸時《えどじ》

代《だい》の俳句《はいく》がもとになっている。いまよりずっとのんびりしていた時代《じだい》に、「あっというまに世《よ》の中《なか》変《か》わるよ」って予言《よげん》されていたなんて、やばいよね！

予言《よげん》された君《きみ》へ!

どんどん変《か》えていくのも、変《か》えずに守《まも》るのも、両方大事《りょうほうだいじ》だ。

使《つか》い方《かた》

「あれ、ここって雑貨屋《ざっかや》さんじゃなかった?」
「カフェになったんだね。世《よ》の中《なか》は三日見《みっかみ》ぬ間《ま》の桜《さくら》かな」

役《やく》立《だ》つ編《へん》

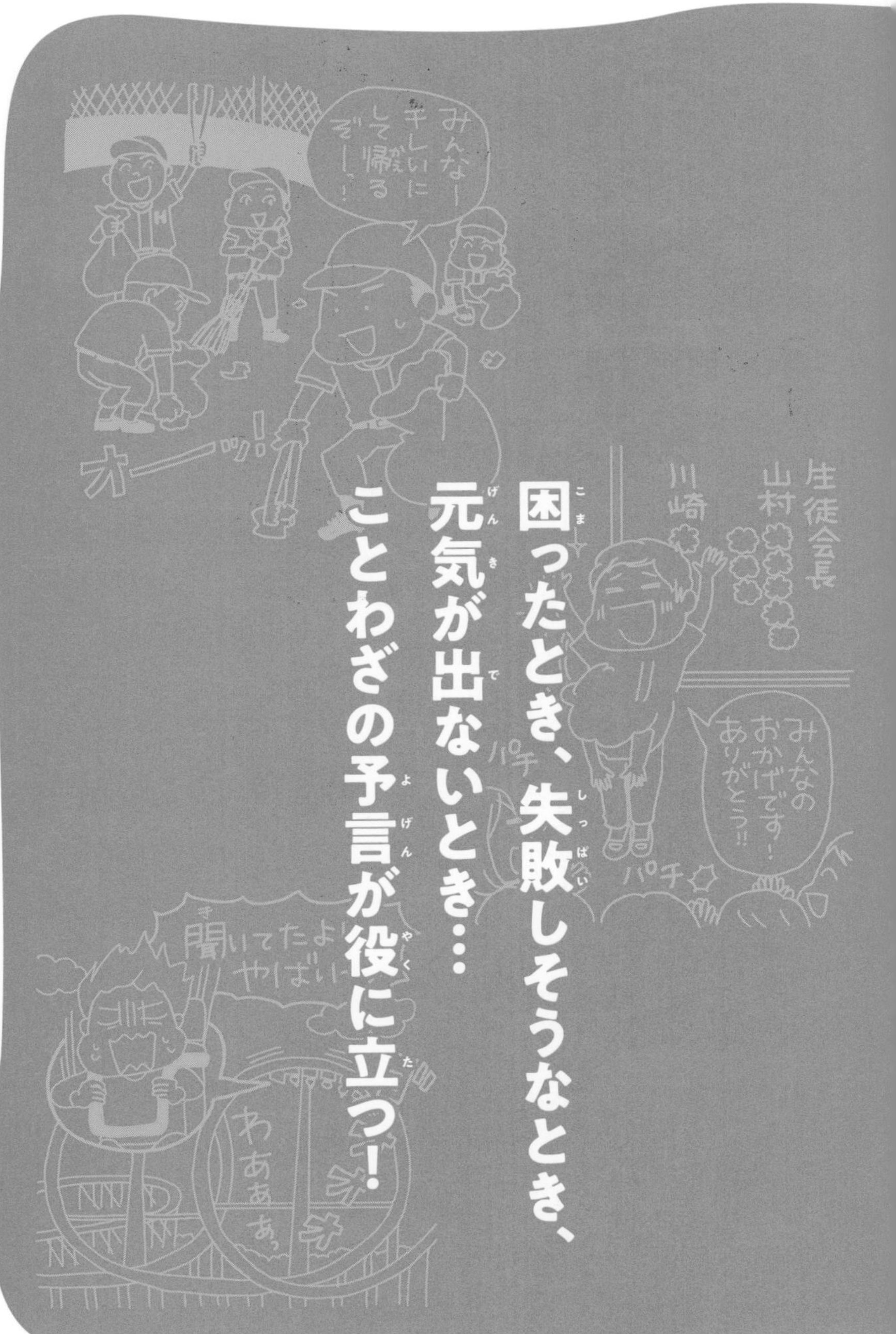

困《こま》ったとき、失敗《しっぱい》しそうなとき、元気《げんき》が出《で》ないとき…ことわざの予言《よげん》が役《やく》に立《た》つ！

会《あ》うは別《わか》れの始《はじ》め

山田《やまだ》は転校《てんこう》することになった…
今日《きょう》でお別《わか》れです…
えーーーっ!!

学校《がっこう》や習《なら》いごとなどで、いろいろな人《ひと》に出会《であ》うよね。人《ひと》との出会《であ》いは、いずれやってくる別《わか》れの始《はじ》まりでもある。そんな予言《よげん》をしているのが、このことわざだ。

クラス替《が》えや進学《しんがく》でもうじき友達《ともだち》と離《はな》ればなれになるというとき、これまで以上《いじょう》に仲《なか》よくなって一緒《いっしょ》に過《す》ごそうとすることはあるよね。でも実《じつ》は、出会《であ》ったそのときから別《わか》れに近《ちか》づいているってわけ。

いつかは別《わか》れがくると知《し》っているからこそ、その人《ひと》と過《す》ごす時間《じかん》を大切《たいせつ》にしようと思《おも》えるものだ。

使《つか》い方《かた》

「旅先《たびさき》でお友達《ともだち》ができたけど、明日《あした》には家《いえ》に帰《かえ》るから、別《わか》れがつらい?」
「うん。でも、会《あ》うは別《わか》れの始《はじ》めと言《い》うからね。なみだなしで手《て》を振《ふ》るよ」

予言《よげん》された君《きみ》へ!

「別《わか》れは出会《であ》いの始《はじ》まり」と言《い》う人《ひと》もいる。前《まえ》を向《む》こう!

悪事千里《あくじせんり》をはしる

気《き》をつけよう。悪《わる》いことをすると、そのうわさはすぐに遠《とお》くまで知《し》れ渡《わた》ってしまう！

一里《いちり》とは、昔《むかし》の人《ひと》が１時間《じかん》に歩《ある》ける距離《きょり》をもとに作《つく》った単位《たんい》で約《やく》３・９㎞。千里《せんり》は約《やく》３９００㎞になり、日本列島《にほんれっとう》がすっぽりおさまっちゃう。それで「すごく遠《とお》い場所《ばしょ》」を表《あらわ》しているよ。学校《がっこう》でのいたずらを、もうお母《かあ》さんが知《し》っているなんて当然《とうぜん》だ。

いまはＳＮＳ《エスエヌエス》があるからうわさは一瞬《いっしゅん》で遠《とお》くまで広《ひろ》まるけど、インターネットもスマホもない時代《じだい》に予言《よげん》されちゃっているんだ。

予言《よげん》された君《きみ》へ!

よいうわさはそうでもないのに、悪《わる》いうわさはあっという間《ま》に広《ひろ》まる。

使《つか》い方《かた》

「学校《がっこう》にあるベートーベンの絵《え》に落書《らくが》きしたんでしょ?」
「違《ちが》う学校《がっこう》なのになんで知《し》っているの」
「悪事千里《あくじせんり》をはしると言《い》うからね」

過《あやま》ちを改《あらた》むるにはばかることなかれ

くつ下《した》、左右《さゆう》違《ちが》うよ？
ハッ
今《いま》、こーゆーはき方《かた》がはやってるんだよーー
オシャレなのっっ

人間《にんげん》、誰《だれ》しも間違《まちが》いはある。それに自分《じぶん》で気《き》づいたとき、「バレないようにできないかな」などと考《かんが》えてかくしたりごまかしたりしないで、さっさとなおしたほうがいいということわざだ。

左右《さゆう》で違《ちが》うくつ下《した》を履《は》いちゃったくらいならいいけど、大《おお》きな間違《まち》いをなおすのをためらっていると、問題《もんだい》はますます大《おお》きくなっていく。

これはなんと、二千年以上《にせんねんいじょう》も前《まえ》からの予言《よげん》だ。中国《ちゅうごく》のスーパー思想家《しそうか》、孔子《こうし》が話《はな》したことをまとめた書物《しょもつ》『論語《ろんご》』の中《なか》に書《か》かれているよ。

予言《よげん》された君《きみ》へ！

間違《まちが》いをなおすのは大《たい》変《へん》だけど、このことわざで乗《の》り越《こ》えよう。

使《つか》い方《かた》

「劇《げき》の台詞《せりふ》を間違《まちが》えて覚《おぼ》えてた！　これからなおすのは恥《は》ずかしいな」

「正《ただ》しい台詞《せりふ》にしようよ！　過《あやま》ちを改《あらた》むるにはばかることなかれだ」

石《いし》の上《うえ》にも三年《さんねん》

冷《つめ》たい石《いし》の上《うえ》にも三年間《さんねんかん》座《すわ》り続《つづ》ければ温《あたた》まっていい感《かん》じになる。辛抱強《しんぼうづよ》く努力《どりょく》をすれば必《かなら》ず報《むく》われるという、地《じ》味《み》だけどいい予言《よげん》だ。

勉強《べんきょう》や習《なら》いごとにしても、最初《さいしょ》のうちは失敗《しっぱい》も多《おお》いし上《じょう》達《たつ》を感《かん》じにくい。つらく思《おも》ったり投《な》げ出《だ》したくなったりすることもあるだろう。でも、石《いし》の上《うえ》にも三年《さんねん》の気持《きも》ちでやればクリアできるぞ！　二《に》重《じゅう》とびも練習《れんしゅう》を続《つづ》けたら3週《しゅう》間《かん》くらいでいけるかな？

必《かなら》ず報《むく》われるっていうわくわく感《かん》がポイントだ。希望《きぼう》を持《も》って使《つか》ってみよう。

予言《よげん》された君《きみ》へ！

三年《さんねん》は大《おお》げさ？　と思《おも》うことでも、このことわざを言《い》うと楽《たの》しくなるよ。

使《つか》い方《かた》

「まだ習字《しゅうじ》教室《きょうしつ》に通《かよ》っているんだ。えらいね」

「なかなかうまくならないけど、石《いし》の上《うえ》にも三年《さんねん》で頑張《がんば》るよ」

急《いそ》がばまわれ

急《いそ》いでいるのに「まわれ」だなんて、あべこべでやばい。でも、遠《とお》まわりしてゆっくり行《い》けというわけではないよ。何《なに》が起《お》こるかわからない近道《ちかみち》を行《い》くより、安全《あんぜん》で確実《かくじつ》な道《みち》を行《い》ったほうが結局《けっきょく》は早《はや》く着《つ》くという予言《よげん》だ。あせっていつもと違《ちが》うことをして失敗《しっぱい》した経験《けいけん》、あるのでは？

このことわざは、室町時代《むろまちじだい》の歌《うた》からきている。「武士《ぶし》が琵琶湖《びわこ》の向《む》こう岸《ぎし》へ行《い》くとき、船《ふね》は速《はや》いが危険《きけん》なので、橋《はし》を渡《わた》る陸路《りくろ》のほうが早《はや》く着《つ》く」という意味《いみ》の歌《うた》から「急《いそ》がばまわれ」が定着《ていちゃく》したんだ。

予言《よげん》された君《きみ》へ!

だからといって、わざわざ遠《とお》まわりの道《みち》を行《い》くのは違《ちが》う！

使《つか》い方《かた》

「テスト中《ちゅう》、あせっていつもと違《ちが》う解《と》き方《かた》をしたら、見直《みなお》しに時間《じかん》がかかったよ」
「急《いそ》がばまわれで、落《お》ち着《つ》いて解《と》くことだね」

嘘《うそ》もほうべん

どーだ？
パパの
スペシャルカレー
うまいだろ？
お…
おいしい
よ…

嘘《うそ》をつくのは悪《わる》いことだ。でも、ときと場合《ばあい》によって、嘘《うそ》が必要《ひつよう》なこともあるということわざだ。「ほうべん」ってあまり聞《き》かないけど、もともと仏教《ぶっきょう》の言葉《ことば》で、うんと簡《かん》単《たん》に言《い》うと「いい方法《ほうほう》」という意味《いみ》だ。嘘《うそ》をついていいなんて、懐《ふところ》の深《ふか》さがやばいね！

でも、どんな嘘《うそ》でもいいってわけじゃない。物事《ものごと》をスムーズに進《すす》めるためや、相手《あいて》を傷《きず》つけないためなら、「嘘《うそ》もほうべん」と言《い》える。自慢料《じまんりょう》理《り》を「まずい」って正直《しょうじき》に言《い》ったら、お父《とう》さんは自信《じしん》なくしちゃう。そんなときだ。

予言《よげん》された君《きみ》へ！

よい目的《もくてき》のためにつく嘘《うそ》だっていうことを忘《わす》れないように！

使《つか》い方《かた》

「前《まえ》に聞《き》いたことがある先生《せんせい》の話《はなし》に、『知《し》らなかった!』って言《い》ってたね」

「『また?』って言《い》ったら機嫌悪《きげんわる》くなるでしょう？ 嘘《うそ》もほうべんよ」

えびで鯛《たい》を釣《つ》る

小《ちい》さくて安《やす》いえびで、高価《こうか》な鯛《たい》を釣《つ》るように、ほんの少《すこ》しのお金《かね》や努力《どりょく》で大《おお》きなものを手《て》に入《い》れることを言《い》うことわざだ。略《りゃく》して「えびたい」。鯛《たい》は昔《むかし》から縁起《えんぎ》のいい魚《さかな》として知《し》られ、お祝《いわ》いの食事《しょくじ》の席《せき》にはよく出《だ》される。「めでたい」んだよね。そんな鯛《たい》をエサの小《こ》えびでゲットできるなんて、嬉《うれ》しい予言《よげん》!

留守番《るすばん》のようなちょっとした仕事《しごと》ですごくいいものをもらったり、プレゼントのお返《かえ》しがすごかったり、「得《とく》しちゃったな」という場面《ばめん》で使《つか》うよ。

使《つか》い方《かた》

「友達《ともだち》の忘《わす》れ物《もの》を届《とど》けに行《い》ったら、お菓子《かし》をたくさんもらっちゃった」

「えびで鯛《たい》を釣《つ》ったわね」

予言《よげん》された君《きみ》へ!

「えびで鯛《たい》を釣《つ》ろう!」と意気込《いきご》みすぎると、失敗《しっぱい》することも多《おお》いよ。

思《おも》い立《た》ったが吉日《きちじつ》

「吉日《きちじつ》」とは縁起《えんぎ》のいい日《ひ》のこと。カレンダーに「大安《たいあん》」と書《か》いてあるのを見《み》たことはないかな？ 昔《むかし》から伝《つた》えられている占《うらな》いの一種《いっしゅ》で、結婚式《けっこんしき》やお店《みせ》のオープンなどは、大《たい》安《あん》を選《えら》ぶことが多《おお》いよ。

たとえば、日記《にっき》をつけたくなったときに、「新学期《しんがっき》から」とか区切《くぎ》りのいい日《ひ》まで待《ま》つことがあるよね。けれど、何《なに》かを始《はじ》めようと思《おも》ったその日《ひ》が一番《いちばん》いいタイミング（吉《きち》日《じつ》）だと言《い》っているんだ。日《ひ》を選《えら》んでいないですぐやりなさいと、昔《むかし》の人《ひと》が背中《せなか》を押《お》してくれているんだね。

使《つか》い方《かた》

「よし！ 来月《らいげつ》から毎日《まいにち》ストレッチしよう」
「思《おも》い立《た》ったが吉日《きちじつ》。今日《きょう》からやったら?」

予言《よげん》された君《きみ》へ!

今度《こんど》やろうと思《おも》っていると、忘《わす》れちゃいがちだよね。

親《おや》の意見《いけん》と茄子《なすび》の花《はな》は千《せん》に一《ひと》つの無駄《むだ》もない

帽子《ぼうし》かぶっていきなさいー!!
いいー
ママの言《い》うこと聞《き》いとくべきだった…
あつぅっ

茄子《なす》の花《はな》が必《かなら》ず実《み》になるように、親《おや》のアドバイスも何一《なにひと》つ無駄《むだ》はないという意味《いみ》だ。親《おや》の意見《いけん》と茄子《なす》が並《なら》べられているのが面白《おもしろ》い。

咲《さ》いても実《み》を結《むす》ばない花《はな》を「あだ花《はな》」と呼《よ》ぶことがある。無駄《むだ》な花《はな》という意味《いみ》だ。茄子《なす》には「あだ花《はな》」がなくて、花《はな》が咲《さ》いたら、そのあと必《かなら》ず実《み》をつけるところからきているんだね。

君《きみ》は茄子《なす》を育《そだ》てたことはあるかな? 親《おや》からのアドバイスを「うるさいな」と感《かん》じることがあったら、紫色《むらさきいろ》のかわいい茄子《なす》の花《はな》を思《おも》い出《だ》そう。

予言《よげん》された君《きみ》へ!

「これ絶対《ぜったい》無駄《むだ》だ!」と思《おも》ってる君《きみ》。あとでありがたく思《おも》うかもよ。

使《つか》い方《かた》

「お父《とう》さん、大事《だいじ》なカードがない!」
「ケースにしまいなさいと言《い》っただろ」
「親《おや》の意見《いけん》と茄子《なすび》の花《はな》は千《せん》に一《ひと》つの無駄《むだ》もないって、本当《ほんとう》だね」

終《お》わりよければすべてよし

TEAM 1 2 3 4 5 6 7 8 9 TOTAL
C 0 1 2 0 3 1 0 2 0 9
T 0 0 0 0 0 0 0 0 10 10
ワァァァァッ
逆転《ぎゃくてん》勝利《しょうり》!!

物事《ものごと》は終《お》わりが肝心《かんじん》。終《お》わりがよければ、最初《さいしょ》や途中《とちゅう》がイマイチでも「よかったね！」と喜《よろこ》びあうことができるんだ。途中《とちゅう》までボロボロだった野《や》球《きゅう》の試合《しあい》も、大逆転《だいぎゃくてん》して最後《さいご》に勝利《しょうり》すればかっこいいよね。

「いろいろあったけど、めでたしめでたし」というのは、ドラマでもマンガでも基本《きほん》のストーリーだ。

「終《お》わりよければすべてよし」は、イギリスの超有名《ちょうゆうめい》な劇作家《げきさっか》シェークスピアの劇《げき》のタイトルからきている。それが日本《にほん》のことわざとして定着《ていちゃく》しているって、やばいよね！

使《つか》い方《かた》

「今日《きょう》の発表《はっぴょう》、途中《とちゅう》でつっかえちゃって…」
「でも最後《さいご》はみんな拍手《はくしゅ》だったね。終《お》わりよければすべてよしだよ」

予言《よげん》された君《きみ》へ!

途中《とちゅう》まで絶好調《ぜっこうちょう》のときは、終《お》わりのズッコケに気《き》をつけよう。

学問《がくもん》に王道《おうどう》なし

学問《がくもん》をおさめるには、基礎《きそ》から一《ひと》つ一《ひと》つ、粘《ねば》り強《づよ》くやっていくしかない。ウラ技《わざ》を使《つか》ってひとっとびに理解《りかい》できるようになることはない。

ここでの「王道《おうどう》」とは、王《おう》様《さま》だけが通《とお》る近道《ちかみち》のこと。昔《むかし》、エジプトの王様《おうさま》が学者《がくしゃ》に「もっと楽《らく》に学《まな》べる方法《ほうほう》はないのか」と聞《き》いたところ、学者《がくしゃ》は「学問《がくもん》に王道《おうどう》なし」（王様《おうさま》といえども、近道《ちかみち》はありません）と答《こた》えた。

痛快《つうかい》な話《はなし》だよね！　王様《おうさま》だろうと普通《ふつう》の人《ひと》だろうと、コツコツ学《まな》ばなければならないのは同《おな》じという予言《よげん》だ。

予言《よげん》された君《きみ》へ！

ウラ技《わざ》や近道《ちかみち》を探《さが》しても、たいていは見《み》つからないんだ。

使《つか》い方《かた》

「つるかめ算《ざん》の次《つぎ》は植木算《うえきざん》か。どんな問題《もんだい》も解《と》ける方法《ほうほう》があれば楽《らく》なのに」
「あるわけないよ。学問《がくもん》に王道《おうどう》なしって言《い》うだろう」

勝《か》ってかぶとの緒《お》をしめよ

優勝《ゆうしょう》おめでとう!!
明日《あした》からまた練習《れんしゅう》がんばるぞ!!
ハイッ

何《なに》かに成功《せいこう》したあとこそ、気《き》を引《ひ》きしめようという意味《いみ》だ。

戦《たたか》いに勝《か》ったら、重《おも》たいかぶとを脱《ぬ》いでほっと一息《ひといき》つきたいところ。ところが、むしろゆるんでしまったかぶとのひもをしめなおせと言《い》う。勝《か》ったと思《おも》って気《き》を抜《ぬ》くと、思《おも》わぬ反撃《はんげき》にあうかもしれない。頭《あたま》を守《まも》っているかぶとを脱《ぬ》いでいたら命《いのち》取《と》りだ。

このことわざは、かぶとをかぶり、刀《かたな》でやりあっていた戦国時代《せんごくじだい》に生《う》まれた予言《よげん》だ。まさに、命《いのち》がかかっていることわざだったんだね。

予言《よげん》された君《きみ》へ!

大事《だいじ》な試合《しあい》や試験《しけん》のあとに風邪《かぜ》をひくことって、多《おお》くない?

使《つか》い方《かた》

「模擬試験《もぎしけん》お疲《つか》れさま。成績《せいせき》よくて、順《じゅん》調《ちょう》だね」
「気《き》をゆるめず頑張《がんば》るよ。勝《か》ってかぶとの緒《お》をしめよ、だ」

かべに耳《みみ》あり 障子《しょうじ》に目《め》あり

かくしごとをしようとしても、どこで誰《だれ》が聞《き》いているか、見《み》ているかわからない。秘密《ひみつ》は漏《も》れやすいという意味《いみ》だ。
誰《だれ》もいないと思《おも》って、内緒《ないしょ》話《ばなし》。でも実《じつ》は、かべに耳《みみ》をつけて聞《き》いている人《ひと》がいる。障《しょう》子《じ》に小《ちい》さな穴《あな》を開《あ》けて、のぞき見《み》している人《ひと》がいるよっていう予言《よげん》だ。
内緒話《ないしょばなし》って、聞《き》きたくなるし、のぞき見《み》したくなるよね。君《きみ》もこっそり聞《き》いちゃったことはないかな？　だから、秘《ひ》密《みつ》を話《はな》すときは用心《ようじん》したほうがいいよって教《おし》えてくれているんだ。

予言《よげん》された君《きみ》へ!

内緒話《ないしょばなし》って楽《たの》しいから、つい周《まわ》りのことを忘《わす》れちゃうよね。

使《つか》い方《かた》

「みんなに内緒《ないしょ》でお菓子《かし》食《た》べちゃおう」
「待《ま》って。かべに耳《みみ》あり障子《しょうじ》に目《め》あり。誰《だれ》かいないかよく確《たし》かめないと」

Q4

親子《おやこ》で挑戦《ちょうせん》！ ことわざクイズ④

お金《かね》に関《かん》することわざ編《へん》

お金《かね》は生活《せいかつ》に欠《か》かせないもの。ないと困《こま》るけれど、たくさんあればそれでいいというわけでもない。悩《なや》むことも多《おお》いから、つきあい方《かた》や考《かんが》え方《かた》がことわざになり、昔《むかし》の人《ひと》たちの知恵《ちえ》が伝《つた》わっている。この本《ほん》で紹介《しょうかい》している「一銭《いっせん》を笑《わら》うものは一銭《いっせん》に泣《な》く」「安《やす》もの買《が》いの銭《ぜに》うしない」の他《ほか》に、こんなことわざもあるよ。

クイズ ［　　］に入《はい》る言葉《ことば》は？

1 悪銭《あくせん》［　　］

〈ヒント〉(A)身《み》に付《つ》かず、(B)身《み》にしみる、(C)見《み》に行《い》かず、のどれ？

2 金《かね》は天下《てんか》の［　　］

〈ヒント〉居場所《いばしょ》が1カ所《しょ》にとどまらないことを指《さ》す言葉《ことば》だよ。

3 金《かね》の切《き》れ目《め》が［　　］の切《き》れ目《め》

〈ヒント〉つながりや関係《かんけい》のことを漢字《かんじ》1字《じ》で何《なん》と言《い》う？

4 稼《かせ》ぐに追《お》いつく［　　］なし

〈ヒント〉お金《かね》がない状態《じょうたい》を何《なん》と言《い》う？

◀答《こた》えは次《つぎ》のページ

A4 お金《かね》に関《かん》することわざ編《へん》 クイズの答《こた》え

1

悪銭《あくせん》［身《み》に付《つ》かず］

悪《わる》いことをして不当《ふとう》に手《て》に入《い》れたお金《かね》は、無駄《むだ》なことに使《つか》ってしまい、長《なが》く持《も》っていることができないということ。

2

金《かね》は天下《てんか》の［まわりもの］

お金《かね》は1カ所《しょ》にとどまっているのではなく、常《つね》に人《ひと》から人《ひと》へとめぐっていくもの。いまはお金《かね》がない人《ひと》にも、いつかまわってくるはずだ。

3

金《かね》の切《き》れ目《め》が［縁《えん》］の切《き》れ目《め》

お金《かね》があるうちはちやほやされても、お金《かね》がなくなると見向《みむ》きもされず、関係《かんけい》が切《き》れてしまうことのたとえ。

4

稼《かせ》ぐに追《お》いつく［貧乏《びんぼう》］なし

常《つね》に一生懸命《いっしょうけんめい》働《はたら》いて稼《かせ》いでいれば、貧乏《びんぼう》で苦《くる》しむことはないという意味《いみ》。貧乏神《びんぼうがみ》が追《お》いかけてきても、追《お》いつけないいんだ。

果報《かほう》は寝《ね》て待《ま》て

出《で》ました、懐深《ふところふか》いことわざ。「果報《かほう》」とは、いいこと、幸《しあわ》せの意味《いみ》だ。いいことを寝《ね》て待《ま》っていればいいなんて、やばいでしょ！

運《うん》は人《ひと》の力《ちから》でどうにもならないのだから、あせらずのんびり待《ま》つのがいいという予言《よげん》だ。魚《さかな》を釣《つ》るために釣《つ》り糸《いと》を垂《た》れたなら、「早《はや》く〜！」とあせるより、昼寝《ひるね》でもして待《ま》っていたほうがいい。そのうちチャンスはやってくる。ただし、釣《つ》りに行《い》かずに家《いえ》で寝《ね》ていたら無理《むり》だよね。やるべきことをやったうえで、ゆっくり待《ま》つという意味《いみ》なんだ。

予言《よげん》された君《きみ》へ！

早《はや》くよい結果《けっか》がほしいと思《おも》うと、寝《ね》て待《ま》つって意外《いがい》と難《むずか》しいよね。

使《つか》い方《かた》

「作文《さくぶん》コンクールに応募《おうぼ》したんだけど、結果《けっか》が気《き》になってしかたないよ」
「果報《かほう》は寝《ね》て待《ま》てと言《い》うよ。のんびり待《ま》とう」

木《き》を見《み》て森《もり》を見《み》ず

お手本《てほん》をしっかり見《み》て「とめ」「はらい」「はね」に気《き》をつけて書《か》いてください
赤とんぼ
ハーイ!
とめ!
はらい!!
「赤《あか》」はすごく丁寧《ていねい》に書《か》けてます…ね!!
上手《じょうず》ですよー「赤《あか》」は…
赤とんぼ

目《め》の前《まえ》の細《こま》かい部分《ぶぶん》にとらわれすぎて、全体《ぜんたい》をわかっていないという意味《いみ》のことわざだ。

森《もり》は木《き》が集《あつ》まってできている。その一本一本《いっぽんいっぽん》の木《き》を見《み》てはいるが、森全体《もりぜんたい》を見《み》ていないと言《い》っているんだね。細《こま》かいところばかり気《き》を取《と》られて、全体《ぜんたい》を考《かんが》えないと困《こま》ったことが起《お》こる。習字《しゅうじ》で一《ひと》つ一《ひと》つの字《じ》に気《き》を取《と》られて、全体《ぜんたい》のバランスが悪《わる》くなってしまったこと、あるよね。これもまさに予言《よげん》の通《とお》りだ。

目《め》の前《まえ》のことに集中《しゅうちゅう》するのは大事《だいじ》だけど、同時《どうじ》に全体《ぜんたい》も見《み》る目《め》が必要《ひつよう》なんだ。

これと同《おな》じ意味《いみ》のことわざは、海外《かいがい》にもたくさんある。「全体《ぜんたい》を見《み》ろよ！」というのは世界中《せかいじゅう》で言《い》われているんだよ。

予言《よげん》された君《きみ》へ！

世界中《せかいじゅう》で予言《よげん》されているほど、全《ぜん》体《たい》を見《み》るのは難《むずか》しいことなんだね。

使《つか》い方《かた》

「あのとき後《うし》ろにパスを出《だ》せばよかったのに。がら空《あ》きだったよ」

「目《め》の前《まえ》のゴールばかり見《み》ていたよ。木《き》を見《み》て森《もり》を見《み》ずだね」

聞《き》くは一時《いっとき》の恥《はじ》、聞《き》かぬは一生《いっしょう》の恥《はじ》

またあった!!
"ゲッキョク"さんて誰《だれ》？
月極
パーキング

わからないことを人《ひと》に聞《き》くとき、ちょっと恥《は》ずかしい。だからと言《い》って聞《き》かないまま、わからないままにしておいたら、それこそ「一生《いっしょう》恥《は》ずかしい」ことになる。だから、知《し》らないことはそのときに聞《き》くほうがいいという意味《いみ》なんだ。

たとえば、「月極《つきぎめ》」と書《か》かれた駐車場《ちゅうしゃじょう》を見《み》たことがあるかな？　1カ月単位《げつたんい》の契約《けいやく》という意味《いみ》だけど、大人《おとな》になっても「ゲッキョク」と読《よ》む人《ひと》がたまにいる。一時《いっとき》の恥《はじ》を恐《おそ》れて聞《き》かなかったばかりに、大人《おとな》になって恥《はじ》をかいてしまうんだ。

予言《よげん》された君《きみ》へ!

質問《しつもん》したら、大人《おとな》も答《こた》えられないことが意外《いがい》とあるよね。

使《つか》い方《かた》

「人気《にんき》アニメのタイトルが難《むずか》しくて読《よ》めなくて、聞《き》いちゃったよ」
「聞《き》くは一時《いっとき》の恥《はじ》、聞《き》かぬは一生《いっしょう》の恥《はじ》。いま聞《き》いてよかったね」

口《くち》はわざわいの門《もん》

うっかり余計《よけい》なことを話《はな》すと、それが災難《さいなん》をまねくことになるから気《き》をつけなさいということ。

口《くち》を門《もん》としてわざわいが出《で》入《い》りする。ぽろっと言《い》ったことが、もめごとの原因《げんいん》になったりするんだ。

人《ひと》が気《き》にしていることや、場《ば》にふさわしくないことを言《い》ってしまうのを「失言《しつげん》」と言《い》うんだけど、大人《おとな》の世界《せかい》でもよく問題《もんだい》になっている。

昔《むかし》の人《ひと》は、これもばっちり予言《よげん》していたわけだ。やばいよね。もうちょっと慎重《しんちょう》にと教《おし》えてくれている。

予言《よげん》された君《きみ》へ!

言《い》っちゃった言葉《ことば》は、もうひっ込《こ》められない。素直《すなお》に謝《あやま》ろう。

使《つか》い方《かた》

「妹《いもうと》に『太《ふと》った?』って聞《き》いたら、口《くち》をきいてくれなくなっちゃった」
「口《くち》はわざわいの門《もん》と言《い》うから、言葉《ことば》は慎重《しんちょう》に」

鶏口《けいこう》となるも牛後《ぎゅうご》となるなかれ

強豪《きょうごう》チーム
補欠《ほけつ》
はりきっていこーー
弱小《じゃくしょう》チーム
キャプテン

突然《とつぜん》だけど、ちょっと考《かんが》えてみてほしい。いまの君《きみ》の実力《じつりょく》のままで、強豪《きょうごう》チームに入《はい》ったら補欠《ほけつ》。でも、弱小《じゃくしょう》チームに入《はい》ればキャプテンになれるとしたら、どっちを選《えら》ぶ？

このことわざは、大《おお》きなグループの中《なか》で使《つか》われる者《もの》になるより、小《ちい》さなグループでリーダーとなれという意味《いみ》なんだ。つまり、弱小《じゃくしょう》チームのキャプテンになったほうがいいと予言《よげん》している。それだけ、トップに立《た》つのは価値《かち》があるんだね。ちなみに、鶏口《けいこう》とはにわとりのくちばし、牛後《ぎゅうご》とは牛《うし》のお尻《しり》のことだよ。

予言《よげん》された君《きみ》へ！

リーダーになると、責任感《せきにんかん》ややる気《き》がアップするよね！

使《つか》い方《かた》

「君《きみ》のお父《とう》さんって社長《しゃちょう》さんなんでしょ?」
「うん、大《おお》きな会社《かいしゃ》をやめて自分《じぶん》の会社《かいしゃ》をつくったんだって」
「鶏口《けいこう》となるも牛後《ぎゅうご》となるなかれだ」

芸《げい》は身《み》をたすける

絵《え》が上手《じょうず》だったり、はしるのが速《はや》かったりすると、それだけで人気者《にんきもの》になれることがあるよね。特技《とくぎ》は磨《みが》いておくにこしたことはない。

それを予言《よげん》しているのが、このことわざだ。

絵《え》や楽器《がっき》、スポーツ、手芸《しゅげい》、手品《てじな》、料理《りょうり》、モノマネ……。好《す》きでやっているうちに上手《じょうず》になったものが、将来役立《しょうらいやくだ》つときがくるという意味《いみ》なんだ。

江戸時代《えどじだい》に、遊《あそ》びすぎてお金《かね》がなくなってしまった人《ひと》が、遊《あそ》びながら身《み》に付《つ》けた芸《げい》で生《せい》活《かつ》を立《た》てなおすことができたということからきているよ。

予言《よげん》された君《きみ》へ!

「将来役立《しょうらいやくだ》てよう」と考《かんが》えすぎるより、好《す》きかどうかが大事《だいじ》だよ。

使《つか》い方《かた》

「この間《あいだ》、ちょっと怖《こわ》い上級生《じょうきゅうせい》にかこまれちゃって。でも、得意《とくい》のモノマネを披《ひ》露《ろう》したら仲《なか》よくなった」
「芸《げい》は身《み》をたすける、だね」

後悔《こうかい》さきに立《た》たず

物事《ものごと》が終《お》わってから、ああすればよかったと後悔《こうかい》しても、もう取《と》り返《かえ》しがつかないことを言《い》うことわざだ。

残念《ざんねん》ながら、時間《じかん》を巻《ま》き戻《もど》してやりなおすことはできない。だから、後悔《こうかい》しないように準備《じゅんび》して、実行《じっこう》しろよっていう昔《むかし》の人《ひと》からのメッセージだ。昔《むかし》の人《ひと》もたくさん失敗《しっぱい》してきたんだよね。

「お小遣《こづか》いをもっと計画的《けいかくてき》に使《つか》えばよかったなぁ」と反省《はんせい》しているようなときにも、「このさき後悔《こうかい》しないように計画《けいかく》しよう!」というときにも、どちらの場合《ばあい》にも言《い》うよ。

予言《よげん》された君《きみ》へ!

「やりたいことをやればよかった」って、大人《おとな》もよく後悔《こうかい》しているよ。

使《つか》い方《かた》

「劇《げき》の主役《しゅやく》に立候補《りっこうほ》しようか悩《なや》んでいるんだ」

「やりたいなら立候補《りっこうほ》しなよ。後悔《こうかい》さきに立《た》たずって言《い》うよ」

虎穴《こけつ》に入《い》らずんば虎子《こじ》を得《え》ず

危険《きけん》なことも進《すす》んでやる勇《ゆう》気《き》がなければ、大《おお》きな成功《せいこう》を手《て》に入《い》れることはできないぞ！　と背中《せなか》を押《お》す予言《よげん》だ。

虎穴《こけつ》とは、虎《とら》が住《す》んでいるほら穴《あな》。虎子《こじ》とは虎《とら》の子《こ》どものことだ。虎《とら》の子《こ》を奪《うば》いたかったら、危険《きけん》なほら穴《あな》に入《はい》っていかなければならないと言《い》っているんだね。かなり危険《きけん》でやばいけど…。

昔《むかし》の中国《ちゅうごく》で、強敵《きょうてき》が近《ちか》くに来《き》ていることを知《し》っておびえる兵士《へいし》に、「勇気《ゆうき》を出《だ》せ！」という意味《いみ》でこの言葉《ことば》を言《い》ったというのが由来《ゆらい》だよ。おかげで、見事勝利《みごとしょうり》したんだ。

予言《よげん》された君《きみ》へ！

勇気《ゆうき》は必要《ひつよう》だけど、タイミングも重要《じゅうよう》だからね！

使《つか》い方《かた》

「好《す》きな子《こ》に話《はな》しかけたいけど、女《おんな》の子《こ》たちでかたまっていて近寄《ちかよ》れない」
「虎穴《こけつ》に入《い》らずんば虎子《こじ》を得《え》ず。間《あいだ》をわって入《はい》っていきなよ」

転《ころ》ばぬさきの杖《つえ》

失敗《しっぱい》しないように準備《じゅんび》をしたり、用心《ようじん》したりしておくことを言《い》うことわざだ。

転《ころ》んでから杖《つえ》をつくのではなく、転《ころ》ばないように、用心《ようじん》して杖《つえ》をついて歩《ある》くんだね。雨《あめ》がふる前《まえ》に用意《ようい》しておいたカサはまさにこれだよ。用心《ようじん》する子《こ》は天気予報《てんきよほう》を確認《かくにん》して、カサを持《も》ち歩《ある》くでしょ？

「転《ころ》ばぬさきの杖《つえ》」をはじめ、準備《じゅんび》しておけという意味《いみ》のことわざは多《おお》い。昔《むかし》の人《ひと》たちも、「用心《ようじん》するのは大事《だいじ》だけど、つい忘《わす》れちゃうんだよな」って思《おも》ったんだろうね。この予《よ》言《げん》、しっかり受《う》け止《と》めよう！

予言《よげん》された君《きみ》へ！

用心深《ようじんぶか》すぎて荷物《にもつ》が多《おお》くなっちゃうのも、考《かんが》えものだけどね！

使《つか》い方《かた》

「模擬試験《もぎしけん》の会場《かいじょう》には、ちゃんと時計《とけい》があるかなぁ」

「念《ねん》のため持《も》って行《い》ったら？　転《ころ》ばぬさきの杖《つえ》だよ」

さわらぬ神《かみ》にたたりなし

自分《じぶん》が卒業《そつぎょう》した学校《がっこう》のチームが負《ま》けてカリカリしているお父《とう》さん。そっとしておくのが一番《いちばん》だ。いま話《はな》しかけると面倒《めんどう》なことになる！　そんな予言《よげん》をしているのがこのことわざ。余計《よけい》な手出《てだ》しをしなければ、面倒《めんどう》なことに巻《ま》き込《こ》まれないから、そっとしておこうという意味《いみ》なんだ。

神様《かみさま》は人々《ひとびと》を守《まも》ってくれるけど、大《おお》きな力《ちから》を持《も》っている分《ぶん》、怒《おこ》らせてしまうと恐《おそ》ろしいことが起《お》こると信《しん》じられてきた。神様《かみさま》の気《き》にさわるようなことはしないように、という気持《きも》ちがあるんだよ。

予言《よげん》された君《きみ》へ!

怒《おこ》ってばかりいると、君《きみ》がさわらぬ神《かみ》になっちゃうぞ！

使《つか》い方《かた》

「お兄《にい》ちゃんに宿題《しゅくだい》手伝《てつだ》ってもらいたかったけど、いま機嫌《きげん》が悪《わる》そう」
「もう少《すこ》しあとにしたら?　さわらぬ神《かみ》にたたりなしだよ」

三人《さんにん》寄《よ》れば文殊《もんじゅ》の知恵《ちえ》

どうしよ…バレないようにかくす…？
正直《しょうじき》にあやまる!?
ちょっとまていい考《かんが》えがある…

どうしよう、いいアイデアが出《で》てこない！ そんなときは三人《さんにん》集《あつ》まって相談《そうだん》してみよう。どんな人《ひと》だって、三人《さんにん》で相談《そうだん》すればいいアイデアが出《で》てくると予言《よげん》されているよ。

文殊《もんじゅ》とは、仏教《ぶっきょう》で知恵《ちえ》を与《あた》えてくれるという菩薩《ぼさつ》（ほとけ様《さま》）のことだ。普通《ふつう》の人《ひと》でも「文殊《もんじゅ》の知恵《ちえ》」が出《だ》せちゃうんだ！ インターネットが発達《はったつ》している現代《げんだい》では、一人《ひとり》の天才《てんさい》より、多《おお》くの普通《ふつう》の人《ひと》のアイデアを集《あつ》めたほうが、成果《せいか》が出《で》るという考《かんが》え方《かた》がある。これも昔《むかし》に予言《よげん》されていたと思《おも》うと、やばいよね！

予言《よげん》された君《きみ》へ！

三人《さんにん》いると、それぞれが考《かんが》え足《た》りないところを補《おぎな》ってくれるよね。

使《つか》い方《かた》

「お楽《たの》しみ会《かい》でどんな出《だ》し物《もの》をしたらいいか、全然思《ぜんぜんおも》い浮《う》かばないよ」
「みんなで考《かんが》えよう。三人寄《さんにんよ》れば文殊《もんじゅ》の知恵《ちえ》って言《い》うしね」

親《した》しき仲《なか》にも礼《れい》儀《ぎ》あり

おじいちゃん
おばあちゃん、
お祝い
ありがとう!!
御祝

どんなに親《した》しい間柄《あいだがら》であっても、守《まも》るべき礼儀《れいぎ》というものはある。
仲《なか》がよいと気《き》をつかわず、遠慮《えんりょ》もなくなるものだけど、度《ど》が過《す》ぎるとケンカの原因《げんいん》になるよ。どんなに親《した》しくたって、ちゃんとうやまう気持《きも》ちを持《も》ってつきあうべきだということなんだ。
親《おや》や友達《ともだち》などに対《たい》してあいさつをおろそかにしたり、乱《らん》暴《ぼう》な言葉《ことば》づかいになったりしていないかな？　大切《たいせつ》な人《ひと》との仲《なか》が壊《こわ》れてしまわないようにと、昔《むかし》の人《ひと》が教《おし》えてくれているんだね。

予言《よげん》された君《きみ》へ！

とても親《した》しい間柄《あいだがら》でも、ちょっとした気《き》づかいをされると嬉《うれ》しいね。

使《つか》い方《かた》

「友達《ともだち》に貸《か》したマンガが返《かえ》ってこないな」
「親《した》しき仲《なか》にも礼儀《れいぎ》ありだよね。ちゃんと返《かえ》してもらいなよ」

失敗《しっぱい》は成功《せいこう》のもと

失敗《しっぱい》をしても、何《なに》が間違《まちが》っていたのかを調《しら》べて次《つぎ》にいかしていけば、必《かなら》ず成功《せいこう》するというスーパーポジティブな予言《よげん》だ。

誰《だれ》でも、何《なに》かで失敗《しっぱい》して落《お》ち込《こ》むことはあるだろう。そんなときは、このことわざが元気《げんき》づけてくれる。

失敗《しっぱい》したおかげで、「このやり方《かた》ではダメなんだな」「次《つぎ》はこうしてみよう」と考《かんが》えることができる。そうやって成功《せいこう》に近《ちか》づいていく。

お菓子作《かしづく》りの失敗《しっぱい》だって、チャンスだよ。「失敗《しっぱい》は成功《せいこう》のもと！」と考《かんが》えて次《つぎ》にいかしてみよう。これが当《あ》たり前《まえ》の感覚《かんかく》に

なったら、もっと大《おお》きなことにもトライしていけるはず。

発明王《はつめいおう》と呼ばれたトーマス・エジソンは、「失敗《しっぱい》ではない、うまくいかない方法《ほうほう》を発見《はっけん》しただけだ」と言《い》ったそうだよ。

予言《よげん》された君《きみ》へ!

大《おお》きなことを成《な》しとげた人《ひと》は、失敗《しっぱい》を何度《なんど》も繰《く》り返《かえ》してきたんだ。

使《つか》い方《かた》

「ベランダで野菜《やさい》を育《そだ》てたんだけど、うまくいかなかったよ」

「失敗《しっぱい》は成功《せいこう》のもと。原因《げんいん》を考《かんが》えてもう1回《かい》植《う》えてみたら?」

朱《しゅ》にまじわれば赤《あか》くなる

人《ひと》はつきあう相手《あいて》によって、よくも悪《わる》くもなるという意味《いみ》のことわざだ。

朱《しゅ》とは赤色《あかいろ》のこと。赤《あか》は強《つよ》い色《いろ》だから、白《しろ》いタオルなどを赤《あか》いものと一緒《いっしょ》に洗《あら》うと赤《あか》く染まることがある。赤色《あかいろ》の中《なか》にあると、他《ほか》の色《いろ》も赤《あか》く染《そ》まることにたとえて、人《ひと》は周《まわ》りに影響《えいきょう》されやすいと言《い》っているんだ。とくに、悪《わる》い友達《ともだち》といると、自分《じぶん》も悪《わる》くなるという意味《いみ》で予言《よげん》されている。

点数《てんすう》の低《ひく》いテストを紙飛行《かみひこう》機《き》にして飛《と》ばすって、君《きみ》はそんなことする子《こ》じゃなかったのに！

予言《よげん》された君《きみ》へ！

友達《ともだち》と一緒《いっしょ》だと、つい調子《ちょうし》にのっちゃうこともあるけどね。

使《つか》い方《かた》

「あの乱暴《らんぼう》な子《こ》たちとつきあうのはやめたら？　朱《しゅ》にまじわれば赤《あか》くなると言《い》うでしょ」
「本当《ほんとう》はやさしくていい子《こ》たちだよ」

急《せ》いてはことを仕損《しそん》じる

何事《なにごと》も、あせってやるのはよくない。あわてて取《と》り組《く》むと失敗《しっぱい》しちゃうぞ〜っていうことわざだ。

落《お》ち着《つ》いてやればできるのに、あせっていたために失敗《しっぱい》したとか、うまくいかないとかいうのはよくある。「遅刻《ちこく》しちゃう！」って大慌《おおあわ》てで服《ふく》を着《き》たら、後《うし》ろ前《まえ》。ランドセルをひっくり返《かえ》して教科書《きょうかしょ》ばらまいた。落《お》ち着《つ》いてやればこんなことにならないのにね。これも昔《むかし》に予言《よげん》されちゃっていたんだ！

だからあわてず、落《お》ち着《つ》いてやろうという教《おし》えなんだ。

予言《よげん》された君《きみ》へ！

あせったら、このことわざをつぶやいて気持《きも》ちを落《お》ち着《つ》かせよう。

使《つか》い方《かた》

「あ！　この木《き》の上《うえ》のほうに珍《めずら》しい虫《むし》がいる！　早《はや》く早《はや》く」
「虫取《むしと》り網《あみ》を用意《ようい》するから待《ま》って。急《せ》いてはことを仕損《しそん》じるよ」

船頭《せんどう》多《おお》くして船山《ふねやま》にのぼる

シンプルに塩《しお》だって!!
焼《や》き肉《にく》にはタレだろ!!
ヘルシーにおろしポン酢《ず》でしょ!!
お──い…
肉《にく》、こげてるよ──

指《し》示《じ》をする人《ひと》がたくさんいると、意見《いけん》がまとまらず、物《もの》事《ごと》はうまくいかない。

船頭《せんどう》とは、船《ふね》の進《すす》む方向《ほうこう》を指《し》示《じ》する人《ひと》。1そうの船《ふね》に何《なん》人《にん》も船頭《せんどう》がいたらどうなる？「こっちに進《すす》め」「いやこっちだ」とやっているうちに、なんと船《ふね》が山《やま》にのぼってしまうというんだね。面白《おもしろ》くてやばいけど、それほどおかしな方《ほう》向《こう》に行《い》ってしまうっていうことだ。

バーベキューや鍋《なべ》でも、みんなでおいしく食《た》べるには、リーダーが多《おお》すぎるとよくないぞって予言《よげん》されているよ。

予言《よげん》された君《きみ》へ！

チームで動《うご》くときにはリーダーを決《き》めることが大事《だいじ》なんだね。

使《つか》い方《かた》

「遠足《えんそく》の班《はん》、いいメンバーだね」
「でもみんなリーダータイプだから、船《せん》頭多《どうおお》くして船山《ふねやま》にのぼるにならないといいけど」

大《だい》は小《しょう》をかねる

できたっ!!
ポチ
でか…
FOOD

大《おお》きいものは小《ちい》さいものの代《か》わりになるので使《つか》い道《みち》が多《おお》く、役《やく》に立《た》つという意味《いみ》だ。一方《いっぽう》、小《ちい》さいものを大《おお》きいものの代《か》わりにするのは難《むずか》しい。大《おお》きい犬小屋《いぬごや》を作《つく》っておけばずっと使《つか》えるけど、小《ちい》さい犬小屋《いぬごや》に大《おお》きくなった犬《いぬ》は入《はい》れないもんね。それに、大《おお》きいほうが君《きみ》も何《なに》かのときに一緒《いっしょ》に入《はい》れるし（家《いえ》の鍵《かぎ》をなくしたときとか）。

大《おお》きめの子《こ》ども服《ふく》を選《えら》ぶとき、よくこのことわざが使《つか》われる。「長《なが》く着《き》てほしい」という親《おや》の気持《きも》ちまで予言《よげん》されていたんだね。

予言《よげん》された君《きみ》へ!

「自分《じぶん》の部屋《へや》も大《おお》きいほうが」って思《おも》うけど、なかなか叶《かな》わない…。

使《つか》い方《かた》

「旅行用《りょこうよう》バッグ、どれにしようかな」
「荷物《にもつ》が増《ふ》えるかもしれないし、大《おお》きいサイズにしておきなよ。大《だい》は小《しょう》をかねるって言《い》うし」

立《た》つ鳥《とり》あとをにごさず

みんなーキレイにして帰《かえ》るぞーーっ!
オーーッ!

立《た》ち去《さ》るときは、見苦《みぐる》しくないようにその場《ば》をきれいにすべきということわざだ。

水鳥《みずどり》は季節《きせつ》によって住《す》む場所《しょ》が変《か》わるけど、飛《と》び立《た》つときに水《みず》をにごらせたりはしない。わずかな波紋《はもん》だけを残《のこ》して飛《と》んでいくんだ。

きれいに片《かた》づけてから出発《しゅっぱつ》すれば、次《つぎ》にその場《ば》を使《つか》う人《ひと》は気持《きも》ちよく使《つか》える。立《た》ち去《さ》る自分《じぶん》も気持《きも》ちいいよね。水《みず》鳥《どり》になぞらえるなんてかっこいいね!

引《ひ》き際《ぎわ》はジタバタしないでいさぎよくあるべきだという意味《いみ》もあるよ。

予言《よげん》された君《きみ》へ!

「後片《あとかた》づけ!」って言《い》われるより、ことわざのほうが素直《すなお》に聞《き》けるね。

使《つか》い方《かた》

「早《はや》く出発《しゅっぱつ》しようよ。旅館《りょかん》の部屋《へや》を掃除《そうじ》しているの?」

「チェックアウトの前《まえ》に整《ととの》えているの。立《た》つ鳥《とり》あとをにごさずだよ」

ちりも積《つ》もれば山《やま》となる

ちりのように小《ちい》さなものも、積《つ》み重《かさ》なれば山《やま》のように大《おお》きくなる。小《ちい》さなこともコツコツと積《つ》み重《かさ》ねていけば、やがて大《おお》きなことを達成《たっせい》できるという意味《いみ》のことわざだ。

10円玉《えんだま》の貯金《ちょきん》だって、続《つづ》ければ1万円《まんえん》になる！ 積《つ》み重《かさ》ねって本当《ほんとう》にすごいんだ。だから、一《ひと》つ一《ひと》つはちっぽけでもバカにしちゃいけない。

逆《ぎゃく》に「このくらいたいしたことない」と思《おも》って続《つづ》けると、悪《わる》いことも大《おお》きくなるから気《き》をつけて。ちょっとした無駄《むだ》づかいも、いつのまにか1万《まん》円《えん》になるからやばいよ！

予言《よげん》された君《きみ》へ！

ちょっとずつお金《かね》を貯《た》めることを「ちりつも貯《ちょ》金《きん》」と呼《よ》ぶらしい。

使《つか》い方《かた》

「ダイエット中《ちゅう》だから、小《ちい》さなチョコだけ食《た》べる」
「小《ちい》さいけど結局《けっきょく》たくさん食《た》べてない？ ちりも積《つ》もれば山《やま》となる、だよ」

沈《ちん》黙《もく》は金《きん》雄《ゆう》弁《べん》は銀《ぎん》

スラスラと話《はな》せるのは大事《だいじ》なことだ。でも、黙《だま》るべきときに黙《だま》っているのは、もっと大事《だいじ》。人《ひと》を説得《せっとく》したいときに「こうだからこうで…」と説明《せつめい》することは必要《ひつよう》だろう。でも、しゃべり続《つづ》けていい結果《けっか》になるとは限《かぎ》らない。余計《よけい》なことを言《い》ったり、うるさがられたりすれば交渉失敗《こうしょうしっぱい》。「ここは黙《だま》ったほうがいい」っていうポイントをおさえるのが重要《じゅうよう》なんだ。

黙《だま》る大切《たいせつ》さは、普段《ふだん》なかなか考《かんが》えないからこそ、このことわざはやばい！　ここぞというときに使《つか》いたい予言《よげん》だ。

予言《よげん》された君《きみ》へ！

しゃべり続《つづ》けていると、相手《あいて》の気持《きも》ちを引《ひ》き出《だ》すこともできないよ。

使《つか》い方《かた》

「先生《せんせい》に叱《しか》られたとき、言《い》いわけしなかったね」「沈黙《ちんもく》は金雄弁《きんゆうべん》は銀《ぎん》と言《い》うからね。言《い》いわけした子《こ》は余計《よけい》に叱《しか》られたでしょ?」

遠《とお》くの親戚《しんせき》より近《ちか》くの他人《たにん》

家族《かぞく》でも親戚《しんせき》でもない近所《きんじょ》の人《ひと》に、親切《しんせつ》にしてもらったことはないかな？「ご飯《はん》食《た》べていきな」なんてね。

一方《いっぽう》、血《ち》のつながった親戚《しんせき》でも、遠《とお》くに住《す》んでいればそういうことはできない。会《あ》わないでいるうちに、気持《きも》ちの距離《きょり》も遠《とお》く感《かん》じるね。

そういう「遠《とお》くの親戚《しんせき》」よりも「近《ちか》くの他人《たにん》」のほうがたよりになり、災害《さいがい》や病気《びょうき》などのいざというときにも、助《たす》けてくれるというわけだ。

ちょっとした親切《しんせつ》から「いざというとき」まで、ことわざで予言《よげん》されているんだ。

予言《よげん》された君《きみ》へ！

インターネットで遠《とお》くとつながれても、ご近所《きんじょ》づきあいは大切《たいせつ》だ。

使《つか》い方《かた》

「近所《きんじょ》の公園《こうえん》で足《あし》をくじいちゃった」
「大変《たいへん》だったね。病院《びょういん》に行《い》ったの？」
「お隣《となり》さんが連《つ》れていってくれた。遠《とお》くの親戚《しんせき》より近《ちか》くの他人《たにん》だね」

長《なが》いものには巻《ま》かれろ

休《やす》み時間《じかん》はサッカーするぞ!!
おーっ
鬼《おに》ごっこがやりたかったけど…

長《なが》いものとは、目上《めうえ》の人《ひと》や力《ちから》のある人《ひと》のことを言《い》っている。逆《さか》らわずに従《したが》っておいたほうが得《とく》だという「ザ・世渡《よわた》り術《じゅつ》」のことわざだ。

もともとは、「長《なが》いものは、ふりはらおうとするほどからみつくので、巻《ま》かれてしまったほうがいい」というそのままの意味《いみ》だったらしい。それが「権力《けんりょく》のある人《ひと》には従《したが》っておくほうがいい」という人生《じんせい》の知恵《ちえ》に変《か》わっていったんだ。

本当《ほんとう》は自分《じぶん》の考《かんが》えがあっても、「ここは従《したが》っておこう」というときもあるよね。昔《むかし》の人《ひと》もそう予言《よげん》しているんだ。

予言《よげん》された君《きみ》へ!

長《なが》いものに巻《ま》かれっぱなしは情《なさ》けない。言《い》うときは言《い》おう!

使《つか》い方《かた》

「今日《きょう》の学級会《がっきゅうかい》で、反対《はんたい》意見《いけん》を言《い》っていたね」
「長《なが》いものには巻《ま》かれろって言《い》うけど、どうしても納得《なっとく》できなくて」

生兵法《なまびょうほう》は大《おお》けがのもと

中途半端《ちゅうとはんぱ》な知識《ちしき》や技術《ぎじゅつ》にたよって何《なに》かやろうとすると、逆《ぎゃく》に大失敗《だいしっぱい》するという意味《いみ》のことわざだ。

生兵法《なまびょうほう》とは、十分《じゅうぶん》に身《み》に付《つ》いていない武術《ぶじゅつ》や戦《たたか》い方《かた》のことだ。カンフー映画《えいが》を見《み》て「アチョーー！」と声《こえ》をあげたら、無敵《むてき》な気《き》がするのはありがちだよね。それで強《つよ》そうな相手《あいて》に試《ため》すなんてまさにこれ。大《おお》けがが予言《よげん》されているよ！

「大《おお》けが」は体《からだ》のけがに限《かぎ》らない。ちょっと勉強《べんきょう》しただけでわかった気《き》になって突《つ》っ走《ぱし》ると、危険《きけん》なことがあるから気《き》をつけよう。

予言《よげん》された君《きみ》へ！

ちょっと身《み》に付《つ》けたら、試《ため》してみたくなる。その気持《きも》ちはわかるよ！

使《つか》い方《かた》

「パソコンが動《うご》かないって言《い》うから、ぼくがいじってみたんだけど…」
「それで余計《よけい》に壊《こわ》れたのね。生兵法《なまびょうほう》は大《おお》けがのもとよ」

情《なさ》けは人《ひと》のためならず

やっちゃん ここ教《おし》えてくれない？
いいよ！一緒《いっしょ》に考《かんが》えてみよっか！
やっちゃん これってどーゆーこと？
ちょっと調《しら》べてみるね！

人《ひと》に親切《しんせつ》にすると、めぐりめぐって、いつか自分《じぶん》のためになるという意味《いみ》のことわざだ。

友達《ともだち》に、親切《しんせつ》に勉強《べんきょう》を教《おし》えてあげた。それは友達《ともだち》のためを思《おも》ってやったことだけど、いつのまにか自分《じぶん》も学力《がくりょく》アップ。自分《じぶん》のためにもなっているなんていうのは、わかりやすいよね。

こんなふうに、直接《ちょくせつ》つながらなくても、めぐりめぐって、いいことがあると予言《よげん》してくれている。どんどん親切《しんせつ》にしよう！

ときどき大人《おとな》も間違《まちが》って覚《おぼ》えているんだけど、「親切《しんせつ》にすると、甘《あま》やかすことになって本人《ほんにん》のためにならない」という意味《いみ》

ではないから注意《ちゅうい》。
もともと、このことわざには「めぐりめぐっておの（おのれ。自分《じぶん》のこと）がため」という続《つづ》きがあった。それが省略《しょうりゃく》されているんだ。

予言《よげん》された君《きみ》へ！

逆《ぎゃく》に、人《ひと》に不親切《ふしんせつ》にしたら悪《わる》いことが返《かえ》ってきそうだね。

使《つか》い方《かた》

「バスで赤《あか》ちゃんを抱《だ》っこしている人《ひと》に席《せき》をゆずったよ」
「いいことをしたね。情《なさ》けは人《ひと》のためならずと言《い》うから、いつかいいことがあるよ」

習《なら》うよりなれろ

一輪車《いちりんしゃ》の乗《の》り方《かた》をいくら本《ほん》で読《よ》んで勉強《べんきょう》しても、うまくはなれないよね。実際《じっさい》に乗《の》ってみて、失敗《しっぱい》もしながら体《からだ》で覚《おぼ》えるのが近道《ちかみち》だ。なれればスイスイこげるようになる。これも昔《むかし》に予言《よげん》されていたんだよ。

物事《ものごと》は、人《ひと》や本《ほん》から知識《ちしき》として教《おそ》わるよりも、まずやってみて練習《れんしゅう》するほうがよく身《み》に付《つ》く。そういう意味《いみ》のこのことわざは、とくに職人《しょくにん》さんの世界《せかい》で昔《むかし》からよく使《つか》われてきた。そして、実際《じっさい》になれることで技術《ぎじゅつ》を身《み》に付《つ》けてきたんだ。

予言《よげん》された君《きみ》へ!

何《なに》か身《み》に付《つ》けたいのなら、まず実際《じっさい》にやってみよう！

使《つか》い方《かた》

「来週水泳《らいしゅうすいえい》のテストだから、息《いき》つぎのコツを教《おし》えて」
「プールに行《い》ってやってみよう。習《なら》うよりなれろだよ」

Q5

親子《おやこ》で挑戦《ちょうせん》！ ことわざクイズ⑤

季節《きせつ》に関《かん》することわざ編《へん》

日本《にほん》には春夏秋冬《しゅんかしゅうとう》の四季《しき》があり、それぞれに気候《きこう》や気温《きおん》が大《おお》きく違《ちが》う。春《はる》は桜《さくら》、秋《あき》は紅葉《こうよう》など風情《ふぜい》ある自然《しぜん》の移《うつ》りかわりを、日本人《にほんじん》は昔《むかし》から楽《たの》しんできた。いまも季節《きせつ》を感《かん》じる歌《うた》はたくさんあるよね。

季節《きせつ》に関《かん》することわざも多《おお》いから、いろいろ調《しら》べてみよう。これが最後《さいご》のクイズ挑戦《ちょうせん》だ！

クイズ □ に入《はい》る言葉《ことば》は？

1 暑《あつ》さ寒《さむ》さも □ まで

〈ヒント〉春《はる》と秋《あき》の2回《かい》あり、お墓参《はかまい》りに行《い》く人《ひと》が多《おお》い。

2 春《はる》の □ と叔母《おば》の杖《つえ》は怖《こわ》くない

〈ヒント〉春《はる》でもすごく寒《さむ》い日《ひ》にふることがあるよ。

3 冬来《ふゆき》たりなば春《はる》 □

〈ヒント〉(A)一番《いちばん》、(B)はあけぼの、(C)遠《とお》からじ、のうちどれ？

4 □ 落《お》ちて天下《てんか》の秋《あき》を知《し》る

〈ヒント〉秋《あき》に散《ち》るもの。大《だい》ヒント！「1枚《まい》の葉《は》っぱ」という言葉《ことば》。

◀答《こた》えは次《つぎ》のページ

A5

季節《きせつ》に関《かん》することわざ編《へん》

クイズの答《こた》え

1

暑《あつ》さ寒《さむ》さも〔彼岸《ひがん》〕まで

夏《なつ》の暑《あつ》さは9月《がつ》の「秋《あき》の彼岸《ひがん》」、冬《ふゆ》の寒《さむ》さは3月《がつ》の「春《はる》の彼岸《ひがん》」を過《す》ぎると落《お》ち着《つ》く。何事《なにごと》も自然《しぜん》に変化《へんか》する時期《じき》があるということ。

2

春《はる》の〔雪《ゆき》〕と叔母《おば》の杖《つえ》は怖《こわ》くない

春《はる》の雪《ゆき》は、大雪《おおゆき》でもすぐに溶《と》けるからたいしたことない。叔母《おば》が杖《つえ》でたたいても、力《ちから》が弱《よわ》いから痛《いた》くない。恐《おそ》れるに足《た》りないということ。

3

冬《ふゆ》来《き》たりなば春《はる》〔遠《とお》からじ〕

寒《さむ》さきびしい冬《ふゆ》が来《き》たなら、次《つぎ》には暖《あたた》かく明《あか》るい春《はる》がやってくる。つらいときを耐《た》えしのべば、やがて幸《しあわ》せがやってくるんだ。

4

〔一葉《いちよう》〕落《お》ちて天下《てんか》の秋《あき》を知《し》る

他《ほか》の木《き》より早《はや》く葉《は》を落《お》とし始《はじ》める青桐《あおぎり》の葉《は》1枚《まい》が落《お》ちて、秋《あき》の訪《おとず》れを知《し》る。わずかな前兆《ぜんちょう》で未来《みらい》の大《おお》きな変化《へんか》を察《さっ》すること。

人間《にんげん》万事《ばんじ》塞翁《さいおう》が馬《うま》

幸《しあわ》せ、不幸《ふしあわ》せは予想《よそう》することができない。幸《しあわ》せの中《なか》に不《ふ》幸《こう》の原因《げんいん》がかくれていることもあるし、その逆《ぎゃく》もある。だから喜《よろこ》びすぎたり悲《かな》しみすぎたりすることはないんだ。

もとになっているのは、こんな話だ。昔《むかし》の中国《ちゅうごく》に塞翁《さいおう》と呼《よ》ばれるおじいさんがいた。塞翁《さいおう》の馬《うま》が逃《に》げて、周《まわ》りは残《ざん》念《ねん》がったけど、塞翁《さいおう》は「いいことが起《お》こるかも」と言《い》う。しばらくして、逃《に》げた馬《うま》は立《りっ》派《ぱ》な馬《うま》と一緒《いっしょ》に戻《もど》ってきた！　周《まわ》りが喜《よろこ》ぶと今度《こんど》は「災難《さいなん》が起《お》こるかも」。塞翁《さいおう》の予言《よげん》、恐《おそ》るべし！

予言《よげん》された君《きみ》へ！

不幸《ふしあわ》せだと思《おも》ったとき、
このことわざが言《い》えたら
大人《おとな》の気分《きぶん》だ。

使《つか》い方《かた》

「運動会《うんどうかい》でリレーのメンバーに入《はい》れなくてがっかりだよ」「おかげで、選手《せんしゅ》はなれない応援団長《おうえんだんちょう》に選《えら》ばれたじゃないか！　人間万事《にんげんばんじ》塞翁《さいおう》が馬《うま》だね」

二《に》兎《と》を追《お》うものは一《いっ》兎《と》をも得《え》ず

欲張《よくば》って同時《どうじ》に二《ふた》つのことをしようとすると、結局《けっきょく》どちらも成功《せいこう》しないという意味《いみ》。2匹《ひき》の兎《うさぎ》を一度《いちど》につかまえようとしても、同時《どうじ》に逃《に》げられてしまって、結局《けっきょく》1匹《ぴき》もつかまえられないということからきている。

二人《ふたり》の女《おんな》の子《こ》それぞれに声《こえ》をかけ、どちらからもフラれてしまうなんて、まさにこれだよね。

実《じつ》は、古代《こだい》ローマで言《い》われていた言葉《ことば》で、それが日本《にほん》でもことわざとして定着《ていちゃく》したんだ。そんなに昔《むかし》の、しかも外国《がいこく》で君《きみ》の欲張《よくば》りな心《こころ》が予言《よげん》されていたなんて、やばいね！

あれこれ手《て》を出《だ》して集中《しゅうちゅう》できなかったり、同時《どうじ》にやって楽《らく》をしようとしたりすることのいましめとして長《なが》く使《つか》われているよ。

これはヨウコちゃんにだけ…特別《とくべつ》だよ
しまった!!

予言《よげん》された君《きみ》へ!

「どっちも欲《ほ》しい！」なんて欲張《よくば》るのは、ダメってことなんだ。

使《つか》い方《かた》

「ギターも習《なら》いたいし、サックスもいいな。どっちもやろうかな」
「二兎《にと》を追《お》うものは一兎《いっと》をも得《え》ずって言《い》うでしょ。どちらかにしたら?」

寝《ね》る子《こ》はそだつ

「寝《ね》てばかりいる」と言《い》うと、なんだかサボっているみたいだし悪口《わるぐち》に聞《き》こえるけど、ことわざがこう予言《よげん》している。「よく眠《ねむ》ることは健康《けんこう》な証拠《しょうこ》であって、丈夫《じょうぶ》にそだつ！」寝《ね》ることをこんなに認《みと》めてくれるなんて、やばいね！

でも本当《ほんとう》に、その通《とお》りなんだ。体《からだ》も心《こころ》も元気《げんき》なときは、よく眠《ねむ》れるよね。逆《ぎゃく》に、どこか痛《いた》かったり、不安《ふあん》や心配《しんぱい》が多《おお》かったりするときは眠《ねむ》れない。睡眠《すいみん》は成長《せいちょう》にとって、とても大事《だいじ》だ。よく眠《ねむ》ることは元気《げんき》の証《あかし》だと思《おも》って、安心《あんしん》して眠《ねむ》ろう。

予言《よげん》された君《きみ》へ！

だからって、授業中《じゅぎょうちゅう》に居眠《いねむ》りするのはダメ！夜《よる》にしっかり眠《ねむ》ろう。

使《つか》い方《かた》

「友達《ともだち》が泊《と》まりに来《き》たからおしゃべりしようと思《おも》ったのに、すぐ寝《ね》ちゃって」
「いいことだよ。寝《ね》る子《こ》はそだつって言《い》うから」

能《のう》ある鷹《たか》は爪《つめ》をかくす

「えっ、誰々《だれだれ》ちゃん英語《えいご》がペラペラ!」「そんな特技《とくぎ》があったの? 知《し》らなかった!」なんてびっくりしたことはない? 見《み》せびらかさずにここぞのときに力《ちから》を発揮《はっき》するってかっこいいよね。

本当《ほんとう》に才能《さいのう》や実力《じつりょく》のある人《ひと》は、普段《ふだん》はそれをかくしていて見《み》せびらかしたりしないという意味《いみ》のことわざだ。

狩《か》り上手《じょうず》な鷹《たか》は、高《たか》いところから獲物《えもの》を見《み》つけ、急降下《きゅうこうか》して無駄《むだ》のない動《うご》きでしとめる。獲物《えもの》をおさえつける瞬間《しゅんかん》までは、狩《か》りの能力《のうりょく》を示《しめ》す鋭《するど》い爪《つめ》をかくしているんだよ。

予言《よげん》された君《きみ》へ!

かくしたくてもそんな実力《じつりょく》がないな〜という君《きみ》は、これから磨《みが》こう!

使《つか》い方《かた》

「おじさんが撮《と》った運動会《うんどうかい》の写真《しゃしん》、プロみたいだね」
「こんなにうまいとは知《し》らなかったよ。能《のう》ある鷹《たか》は爪《つめ》をかくすだなぁ」

残《のこ》りものには福《ふく》がある

早《はや》い者《もの》勝《が》ちの場面《ばめん》で、順番《じゅんばん》が最後《さいご》になってしまった人《ひと》をなぐさめるときによく使《つか》うよ。「いいのをさきに取《と》られちゃった…」とがっかりするかもしれないけど、実《じつ》は、残《のこ》ったものの中《なか》にこそ、価値《かち》の高《たか》いものがあることが、意外《いがい》と多《おお》いんだ。

昔《むかし》の人《ひと》がそう予言《よげん》してくれていると思《おも》うと心強《こころづよ》いね。

このことわざには、人《ひと》を押《お》しのけて一番《いちばん》に取《と》ろうとすることを、いましめる意味《いみ》もある。周《まわ》りの人《ひと》を優先《ゆうせん》してあげるような人《ひと》にこそ、思《おも》いがけず幸運《こううん》が訪《おとず》れるんだね。

予言《よげん》された君《きみ》へ!

自分《じぶん》から「残《のこ》ったのでいいよ」って言《い》ったら、人《にん》気《き》が上《あ》がるかも。

使《つか》い方《かた》

「バーゲンは混《こ》んでいて全然《ぜんぜん》見《み》られなかったよ。唯一《ゆいいつ》買《か》えたのがこのくつ」
「かわいいじゃない! 残《のこ》りものには福《ふく》があるね」

早起《はやお》きは三文《さんもん》の徳《とく》

朝《あさ》、早起《はやお》きをするとちょっといいことがある。

いつもより早《はや》く学校《がっこう》に行《い》ったら、好《す》きな子《こ》がいて二人《ふたり》で話《はな》せたなんていう「ちょっといいこと」。おかげで一日《いちにち》ハッピーに過《す》ごせそう！　そんな素敵《すてき》な予言《よげん》をしてくれているなんて、やばいよね。

早起《はやお》きは健康《けんこう》にもいいと言《い》われている。朝《あさ》に体《からだ》を動《うご》かすのって気持《きも》ちいいよね。

ところで三文《さんもん》っていくらだろう？　いまのお金《かね》にすると百円《ひゃくえん》に満《み》たないくらい。ちょっぴりだけど、いいことがあるんだよという意味《いみ》なんだ。

使《つか》い方《かた》

「今朝《けさ》、早《はや》く起《お》きて公園《こうえん》を散歩《さんぽ》したら、きれいな鳥《とり》がすぐ近《ちか》くに見《み》えたんだ！　いい写真《しゃしん》も撮《と》れたよ」
「早起《はやお》きは三文《さんもん》の徳《とく》だね」

予言《よげん》された君《きみ》へ！

朝《あさ》は頭《あたま》もスッキリしていて勉強《べんきょう》もはかどるぞ！

必要《ひつよう》は発明《はつめい》の母《はは》

発明《はつめい》は、どうしても必要《ひつよう》だからこそ生《う》まれるものだという意味《いみ》のことわざだ。

ジャーン！　お弁当《べんとう》を食《た》べられる鉛筆《えんぴつ》！　って、おはしを忘《わす》れて困《こま》ったから鉛筆《えんぴつ》で食《た》べているだけだけどね。でも、見事《みごと》に解決《かいけつ》できたでしょ。

世《よ》の中《なか》の「新《あたら》しい発明《はつめい》」だって、案外《あんがい》ちょっとした困《こま》りごとがきっかけなんだ。たとえば「一人《ひとり》で焼肉屋《やきにくや》さんに行《い》くのは、ちょっとやだな」という悩《なや》みから、「お一人様《ひとりさま》」用《よう》の焼肉屋《やきにくや》さんが生《う》まれてブームになった。必要《ひつよう》から考《かんが》えていけば発明《はつめい》できるかも！

使《つか》い方《かた》

「ケン君《くん》が作《つく》った歌《うた》すごいね。試験範囲《しけんはんい》が楽《らく》に覚《おぼ》えられて役《やく》に立《た》つ！」
「暗記《あんき》が苦手《にがて》だから、考《かんが》えだしたんだ。必要《ひつよう》は発明《はつめい》の母《はは》だね」

予言《よげん》された君《きみ》へ！

いまどんなことで困《こま》っている？　それが次《つぎ》なる発《はっ》明《めい》のもとになる！

人《ひと》のふり見《み》てわがふりなおせ

人《ひと》の行動《こうどう》を見《み》て自分《じぶん》の行動《こうどう》を正《ただ》しなさいという意味《いみ》。

友達《ともだち》のズボンのチャックが開《あ》いていたら、自分《じぶん》のも確《かく》認《にん》！ 友達《ともだち》のおかげでなおせて助《たす》かった～なんていうこと、あるんじゃない？ こんなことも、しっかり予言《よげん》されていた。自分《じぶん》の悪《わる》いところは自分《じぶん》では気《き》づかないから、人《ひと》を見《み》て参考《さんこう》にするわけだ。

もちろん、よいところを見《み》つけたときは見習《みなら》おう。友達《ともだち》の家《いえ》にあがるとき、くつをちゃんとそろえた子《こ》がいたら、マネをする。君《きみ》のポイントもきっと上《あ》がるはずだ。

予言《よげん》された君《きみ》へ！

君《きみ》のよい行動《こうどう》も、悪《わる》い行動《こうどう》も、周《まわ》りの人《ひと》に参《さん》考《こう》にされているよ。

使《つか》い方《かた》

「マンガをお風呂《ふろ》で読《よ》んでいたら、シワシワになっちゃった」「ぼくもお風呂《ふろ》で読《よ》みたかったけれど、やめておこう。人《ひと》のふり見《み》てわがふりなおせだ」

人《ひと》を呪《のろ》わば穴二《あなふた》つ

人《ひと》をおとしいれようとすると、いつか必《かなら》ず自分《じぶん》の身《み》にも跳《は》ね返《かえ》ってくるという、かなりやばい予言《よげん》だ。

友達《ともだち》のくつをかくして面白《おもしろ》がっていると、何《なに》かのかたちでしっぺ返《がえ》しがあるとかね。

そもそもこのことわざは、人《ひと》を呪《のろ》い殺《ころ》せば、自分《じぶん》もその報《むく》いで死《し》ぬことになるから、相手《あいて》のお墓《はか》と自分《じぶん》のお墓用《はかよう》に穴《あな》が二《ふた》つ必要《ひつよう》ということなんだ。

昔《むかし》の陰陽師《おんみょうじ》という占《うらな》いやお祈《いの》りをする人《ひと》は、そのくらいの覚悟《かくご》をしてやっていたというよ。怖《こわ》すぎる!

予言《よげん》された君《きみ》へ!

自分《じぶん》の墓穴《はかあな》まで用意《ようい》する覚悟《かくご》なんて、ないよね?
やめておこう!

使《つか》い方《かた》

「あの子《こ》、0点《てん》のテスト落《お》としてる! 黒板《こくばん》に張《は》り出《だ》しちゃえ」
「そんなことするとあとでいやなことが起《お》こるよ。人《ひと》を呪《のろ》わば穴二《あなふた》つだよ」

百聞《ひゃくぶん》は一見《いっけん》にしかず

人《ひと》から百回聞《ひゃっかいき》くよりも、たった1回《かい》でも自分《じぶん》の目《め》で見《み》るほうが確《たし》かだという意味《いみ》。

友達《ともだち》からのうわさで聞《き》いたジェットコースター。雑誌《ざっし》にも詳《くわ》しく載《の》っている。やばさ星《ほし》3つだな…って思《おも》っていたけど、実際乗《じっさいの》ったらはるかにやばい！　そんなことってあるよね。逆《ぎゃく》に、うわさほどではなかったっていうのもそう。

いまは情報《じょうほう》があふれているから、それを聞《き》くだけで判断《はんだん》できそうなことも多《おお》いけど、自分《じぶん》の目《め》で見《み》ないとわからないよ！　って予言《よげん》してくれているんだ。

予言《よげん》された君《きみ》へ!

検索《けんさく》でわかったつもりになっているときこそ、大切《たいせつ》な予言《よげん》だよ。

使《つか》い方《かた》

「話題《わだい》の映画《えいが》を見《み》たんでしょ？　どうだった？」
「面白《おもしろ》かった！　百聞《ひゃくぶん》は一見《いっけん》にしかずだから、とにかく見《み》てほしいな」

覆水盆《ふくすいぼん》にかえらず

一度《いちど》起きてしまったことは、元《もと》に戻《もど》すことはできない。
お父《とう》さんの大事《だいじ》な壺《つぼ》を割《わ》っちゃったら、「なんとか元通《もとどお》りに」って思《おも》うけど、残念《ざんねん》ながら無理《むり》だ。このことわざで予言《よげん》されている通《とお》り、取《と》り返《かえ》しがつかないんだ。
由来《ゆらい》は昔《むかし》の中国《ちゅうごく》の話《はなし》だ。男《おとこ》が本《ほん》ばかり読《よ》んで働《はたら》かないので、奥《おく》さんは呆《あき》れて出《で》て行《い》った。でも、男《おとこ》が出世《しゅっせ》をすると、「やりなおしたい」と戻《もど》ってきた。男《おとこ》はうつわの水《みず》を床《ゆか》にこぼして、「これを戻《もど》せたらいいよ」と言《い》ったんだって！どうやっても無理《むり》だよね。

予言《よげん》された君《きみ》へ！

取《と》り返《かえ》しがつくものもあるから、そういう場合《ばあい》はあきらめずにね。

使《つか》い方《かた》

「白《しろ》い体操服《たいそうふく》を赤《あか》いTシャツと一緒《いっしょ》に洗《あら》っちゃった」
「うわ、ピンク色《いろ》になっている。覆水盆《ふくすいぼん》にかえらずだ、しかたないね」

下手《へた》な鉄砲《てっぽう》も数《かず》うちゃ当《あ》たる

鉄砲《てっぽう》をうつのが下手《へた》でも、当《あ》てようと思《おも》ってうち続《つづ》ければ命中《めいちゅう》することもある。同《おな》じように、下手《へ た》なことでも何度《なんど》もやっていれば成功《せいこう》することもあるという意味《いみ》だ。

モテない子《こ》だってアタックしまくればそのうち成功《せいこう》するかもしれない。こんな予言《よげん》があれば心強《こころづよ》いね。めげずに頑《がん》張《ば》れ！

一度《いちど》や二度《にど》、狙《ねら》い通《どお》りにいかなくたって落《お》ち込《こ》むことはない。失敗《しっぱい》を恐《おそ》れて一発《いっぱつ》もうたなければ、成功《せいこう》の可能性《かのうせい》はゼロなんだから。はずしてもはずしても、うち続《つづ》けよう！

使《つか》い方《かた》

「番組《ばんぐみ》で紹介《しょうかい》されたくて、メッセージを投稿《とうこう》しているんだって?」
「100通《つう》くらい書《か》いたかな。下手《へた》な鉄《てっ》砲《ぽう》も数《かず》うちゃ当《あ》たると言《い》うでしょ」

予言《よげん》された君《きみ》へ！

この予言《よげん》があるからって、好《す》きでもない子《こ》に告白《こくはく》しちゃダメ！

ほとけの顔《かお》も三度《さんど》

1
そろそろ宿題《しゅくだい》しなさいよ
ふあ〜〜い
2
宿題《しゅくだい》まだやってないの？
もうちょっとしたらー

どんなにおだやかでやさしい人《ひと》でも、何度《なんど》もひどいことをされれば、しまいには怒《おこ》り出《だ》すという意味《いみ》のことわざだ。

心《こころ》が広《ひろ》いほとけ様《さま》だって、三《さん》度《ど》も顔《かお》をなでまわされたら怒《おこ》るということからきている。

やさしい人《ひと》、おとなしい人《ひと》だからと言《い》って、いつも許《ゆる》してくれると思《おも》っちゃダメだ。ほとけ様《さま》のように温和《おんわ》な人《ひと》にも、我慢《がまん》の限界《げんかい》はある。ひどいこと、失《しつ》礼《れい》なことを何度《なんど》も繰《く》り返《かえ》したら「いいかげんにしろ！」って怒《おこ》られちゃうよ。

三度《さんど》までなら許《ゆる》されるのか？って、そういう問題《もんだい》じゃないか

らね。我慢《がまん》の限界《げんかい》はあるんだよという意味《いみ》だ。昔《むかし》の人《ひと》が予言《よげん》してくれているから、怒《おこ》らせる前《まえ》に自分《じぶん》の行動《こうどう》を振《ふ》り返《かえ》ってみよう。ほとけ様《さま》が鬼《おに》に変《か》わったらやばいぞ〜！

予言《よげん》された君《きみ》へ！

「いいかげんにしなさい！」って言《い》うお母《かあ》さんも、我慢《がまん》してたんだよ。

使《つか》い方《かた》

「遅《おく》れてごめん。あれ、怒《おこ》っているの?」
「私《わたし》との待《ま》ち合《あ》わせ、いつだって遅刻《ちこく》じゃない！ほとけの顔《かお》も三度《さんど》だよ！」

まかぬ種《たね》は生《は》えぬ

「野球選手《やきゅうせんしゅ》になりたいな。アイドルもいいな。いや会社《かいしゃ》の社長《しゃちょう》も」。素晴《すば》らしい。君《きみ》の可能性《かのうせい》は無限大《むげんだい》だ。ただし、何《なに》もせずに寝転《ねころ》がって夢見《ゆめみ》ているだけなら、こう予言《よげん》しよう。「まかぬ種《たね》は生《は》えぬ」！

種《たね》をまかなければ、芽《め》が出《で》ることはない。まして花《はな》が咲《さ》いたり実《み》をつけたりすることはありえない。このことから、努力《どりょく》をしなければ望《のぞ》む結果《けっか》は得《え》られないということを意味《いみ》する。野球選手《やきゅうせんしゅ》になりたいなら野球《やきゅう》の練習《れんしゅう》をしなきゃね。単純《たんじゅん》に「原因《げんいん》がなければ結果《けっか》もない」の意味《いみ》でも使《つか》うよ。

予言《よげん》された君《きみ》へ！

芽《め》が出《で》ない種《たね》があっても、まいた努力《どりょく》そのものに価値《かち》があるんだ。

使《つか》い方《かた》

「成績《せいせき》がぱっとしなかったトモ君《くん》が、急《きゅう》にできるようになったよ」
「まかぬ種《たね》は生《は》えぬというから、きっと努力《どりょく》したんだよ」

負《ま》けるが勝《か》ち

なんでちゃんとやってくれないの!?
そうだよね本当《ほんとう》にごめんなさい…
口《くち》ではかなわないしな…

相手《あいて》と無理《むり》に争《あらそ》わず、勝《か》ちをゆずって自分《じぶん》が負《ま》けたことにしておいたほうが、結局《けっきょく》は自分《じぶん》にとっていい結果《けっか》になるという予言《よげん》だ。

たとえば彼女《かのじょ》との口《くち》ゲンカでは、言《い》い分《ぶん》はあっても争《あらそ》わず、ごめんなさいしちゃう。すると機嫌《きげん》がよくなって、こちらのお願《ねが》いも聞《き》いてもらえるようになる。目先《めさき》の勝《か》ちにこだわって仲《なか》が悪《わる》くなるより、はるかにいいよね。勝《か》ちをゆずるってなかなか難《むずか》しいからこそ、この予言《よげん》を味方《みかた》につけよう！「負《ま》けるが勝《か》ち」を使《つか》いこなせたらやばいぞ。

使《つか》い方《かた》

「カードゲームで弟《おとうと》に負《ま》けたの?」
「ぼくが勝《か》ってばかりだと、泣《な》き出《だ》して大変《たいへん》だからね。負《ま》けるが勝《か》ちっていうやつだよ」

予言《よげん》された君《きみ》へ!

本当《ほんとう》に負《ま》けたあとで相手《あいて》に言《い》うと、負《ま》けおしみっぽくなるから注意《ちゅうい》。

実《みの》るほど頭《こうべ》をたれる稲穂《いなほ》かな

児童会長
山村
川崎
みんなのおかげです！ありがとう!!
パチ
パチ

立派《りっぱ》な人《ひと》は、えらくなって周《まわ》りから「すごい」と言《い》われるほど、威張《いば》らず謙虚《けんきょ》な姿勢《しせい》になるものだ。「みなさんのおかげです」と言《い》って、ひかえめにしている。「おれさまはえらいんだぞ」とふんぞり返《かえ》っている人《ひと》とは正反対《せいはんたい》だ（そういう人《ひと》ほどたいしたことない！）。児童会長《じどうかいちょう》などリーダーの立場《たちば》に選《えら》ばれた人《ひと》が、威張《いば》ることなく周《まわ》りに感謝《かんしゃ》しているって、素晴《すば》らしい。

稲《いね》の穂《ほ》は、しっかりとした実《み》（お米《こめ》）ができるほどに重《おも》くなって垂《た》れさがる。これを人間《にんげん》にたとえているんだね。

予言《よげん》された君《きみ》へ！

たくさん学《まな》んで心豊《こころゆた》かに成長《せいちょう》すると、自然《しぜん》に謙虚《けんきょ》になるものなんだ。

使《つか》い方《かた》

「通学路《つうがくろ》でいつもあいさつしてくれるおじさん、大《おお》きな会社《かいしゃ》の社長《しゃちょう》だって」
「全然《ぜんぜん》威張《いば》らないああいう人《ひと》が、実《みの》るほど頭《こうべ》をたれる稲穂《いなほ》かな、なんだって」

安《やす》もの買《が》いの銭《ぜに》うしない

安《やす》いものは質《しつ》が悪《わる》かったりすぐにダメになったりするので、結局《けっきょく》は損《そん》をする。30円《えん》のくつ下《した》？ なんて安《やす》くてお買《か》い得《どく》なんでしょう！ と思《おも》って買《か》ったけど、履《は》いた初日《しょにち》に穴《あな》が開《あ》いた…。そんな経験《けいけん》はないかな？

いまは安《やす》くても質《しつ》のいいものが多《おお》いけど、安《やす》さにひかれて余計《よけい》なものを買《か》ったとか、好《この》みじゃないのに買《か》ったとかいうこともあるよね。結局《けっきょく》あとから買《か》いなおせば、銭《ぜに》うしないだ。買《か》いものの失敗《しっぱい》まで予言《よげん》されているなんて、ことわざは本当《ほんとう》に知恵《ちえ》の宝庫《ほうこ》だ！

予言《よげん》された君《きみ》へ!

100円《えん》ショップに行《い》くと、あれもこれも買《か》いたくなっちゃうよね。

使《つか》い方《かた》

「これ、欲《ほ》しかったおもちゃに似《に》ている。しかも安《やす》い！」
「すぐ壊《こわ》れそうだよ。安《やす》もの買《が》いの銭《ぜに》うしないにならないようによく考《かん》えて」

油《ゆ》断《だん》大《たい》敵《てき》

気《き》を抜《ぬ》くと思《おも》わぬ失敗《しっぱい》につながる。君《きみ》のその油断《ゆだん》こそが敵《てき》だぞ！ ということわざだ。

たとえば、格下《かくした》に見《み》える相《あい》手《て》との勝負《しょうぶ》ごと。負《ま》けるわけがないと気《き》を抜《ぬ》いていると、あっと思《おも》ったときには勝負《しょうぶ》を決《き》められている。油断《ゆだん》さえしなければ勝《か》てたのに！ ってくやしがる前《まえ》に、このことわざで気《き》を引《ひ》きしめよう。

物事《ものごと》が順調《じゅんちょう》にいっているとき、終《お》わりが見《み》えてきたときなどは気《き》がゆるみがち。そんなときこそ、昔《むかし》から言《い》われているこの予言《よげん》を思《おも》い出《だ》してほしいんだ。

予言《よげん》された君《きみ》へ!

スポーツでも、慣《な》れてきた頃《ころ》にけがをすることが多《おお》いよ。

使《つか》い方《かた》

「明日《あした》のグループ発表《はっぴょう》は、得意分野《とくいぶんや》だから余裕《よゆう》でしょう」

「でも、油断大敵《ゆだんたいてき》。どんな質問《しつもん》があるかわからないし、準備《じゅんび》するよ」

楽《らく》あれば苦《く》あり苦《く》あれば楽《らく》あり

人生《じんせい》は楽《たの》しいことばかりではなく、苦《くる》しいこともある。逆《ぎゃく》に言《い》えば、苦《くる》しいことのあとには、楽《たの》しいことが待《ま》っている！

遊《あそ》びを我慢《がまん》して、テスト勉《べん》強《きょう》を頑張《がんば》ったらご褒美《ほうび》だってあるだろう。

いますごくつらいことがあるんだという君《きみ》も、このことわざを唱《とな》えれば心《こころ》が楽《らく》になるぞ。昔《むかし》から予言《よげん》されているんだから、心強《こころづよ》いね！「人生楽勝《じんせいらくしょう》～」と思《おも》っている君《きみ》は、それがずっと続《つづ》くわけじゃないという予言《よげん》だと受《う》け止《と》めよう。

予言《よげん》された君《きみ》へ！

楽《たく》ばかりに見《み》えるあいつだって、見《み》えないところで苦《く》もあるんだ。

使《つか》い方《かた》

「ひどい風邪《かぜ》をひいて遠足《えんそく》に行《い》けなかったし、テストもさんざん」
「楽《らく》あれば苦《く》あり苦《く》あれば楽《らく》あり。このあといいことあるよ」

李《り》下《か》に冠《かんむり》を正《ただ》さず 瓜《か》田《でん》に履《くつ》をいれず

女《おんな》の子《こ》の足元《あしもと》に落《お》ちた消《け》しゴムを男《おとこ》の子《こ》が拾《ひろ》おうとしたら、「きゃあ！」と叫《さけ》ばれてしまうかもしれない。何《なに》も悪《わる》いことはしていないのに、誤解《ごかい》されてトラブルになることは残念《ざんねん》ながらある。それを予言《よげん》しているのが、ちょっと難《むずか》しいこのことわざだ。意味《いみ》は「人《ひと》に疑《うたが》われるようなことはするな」ということ。昔《むかし》の中国《ちゅうごく》の歌《うた》がもとになっている。

冠《かんむり》をまっすぐになおすということも、李《すもも》の木《き》の下《した》でやれば「すももの実《み》を盗《ぬす》もうとしている」と誤解《ごかい》されてしまう。くつを履《は》きなおすのも、瓜《うり》の畑《はたけ》の中《なか》でやれば「瓜《うり》を盗《ぬす》もうとしている」と誤解《ごかい》されてしまう。そういう誤解《ごかい》を受《う》けやすいことはやめておけ、というんだね。

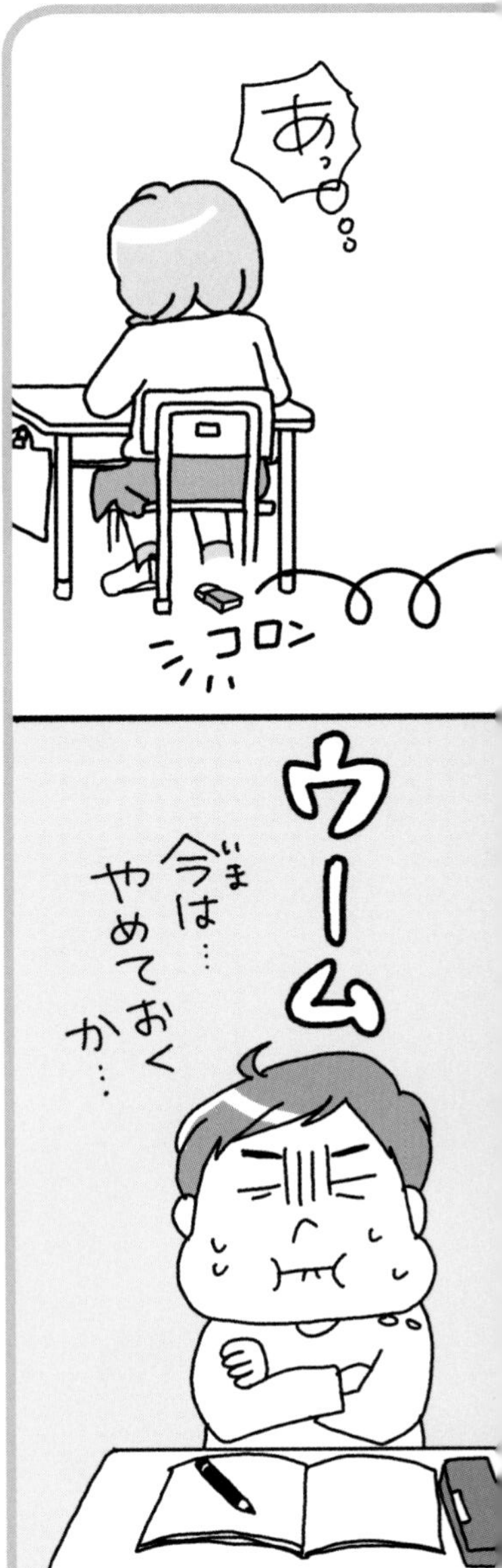

予言《よげん》された君《きみ》へ！

誤解《ごかい》されて怒《おこ》られたり、嫌《きら》われたりすると悲《かな》しい。気《き》をつけよう！

使《つか》い方《かた》

「お母《かあ》さん、美術館《びじゅつかん》でスマホ見《み》ないで」
「ちょっとメールを見《み》ただけ」
「作品《さくひん》を撮影《さつえい》していると思《おも》われるよ。李下《りか》に冠《かんむり》を正《ただ》さず瓜田《かでん》に履《くつ》をいれずと言《い》うよ」

良薬《りょうやく》は口《くち》に苦《にが》し

勉強《べんきょう》は誰《だれ》のためにするの!? 自分《じぶん》のためでしょ!?
あんたはいつもイヤなことを後回《あとまわ》しにするけど…
うへえ…

よく効《き》く薬《くすり》は苦《にが》くて飲《の》みにくい。同《おな》じように、よい忠告《ちゅうこく》は、自分《じぶん》のためになるけれど素直《すなお》に聞《き》きづらいという意味《いみ》のことわざだ。

注意《ちゅうい》や忠告《ちゅうこく》は、「その通《とお》りだな」と思《おも》っても耳《みみ》をふさぎたくなるよね。でも、君《きみ》のためを思《おも》って言《い》ってくれている言葉《ことば》だ。「良薬《りょうやく》は口《くち》に苦《にが》し」と思《おも》って素直《すなお》に聞《き》けば、あとあとよかったと思《おも》うはず。

このことわざは、昔《むかし》の中国《ちゅうごく》のスーパー思想家《しそうか》、孔子《こうし》の言《こと》葉《ば》に由来《ゆらい》する。現代《げんだい》の薬《くすり》もだいたい苦《にが》いけど、当時《とうじ》の漢方《かんぽう》薬《やく》は本当《ほんとう》に苦《にが》かったんだ。

予言《よげん》された君《きみ》へ!

オブラートに包《つつ》んだ薬《くすり》みたいに、聞《き》きやすい忠《ちゅう》告《こく》ならいいのに?

使《つか》い方《かた》

「ノートの字《じ》が汚《きたな》いって、先生《せんせい》に注意《ちゅうい》されてたね」
「良薬《りょうやく》は口《くち》に苦《にが》しと思《おも》って、丁寧《ていねい》に書《か》くように頑張《がんば》るよ」

やっぱ最高《さいこう》だよねー!!
〝アオマルメヤモリ〟!!
色《いろ》キレイだよねー
バシリスクトカゲは超《ちょう》カッコイイし…
わかる!!
爬虫類《はちゅうるい》

類《るい》は友《とも》をよぶ

君《きみ》の仲《なか》よしの友達《ともだち》は、どんな人《ひと》かな？ 好《す》きなものが同《おな》じだったり、似《に》た考《かんが》え方《かた》を持《も》っていたりするのではないだろうか。「類《るい》は友《とも》をよぶ」は、趣味《しゅみ》や性格《せいかく》が似《に》たもの同士《どうし》は自然《しぜん》と集《あつ》まるという意味《いみ》のことわざだ。

似《に》ているところがあると、話《はなし》もしやすく、すぐに仲《なか》よくなれるよね。

由来《ゆらい》は中国《ちゅうごく》の古《ふる》い書物《しょもつ》にある「よい人《ひと》はよい人同士《ひとどうし》、悪《わる》い人《ひと》は悪《わる》い人同士《ひとどうし》で自然《しぜん》と集《あつ》まる」という言葉《ことば》。ドキッとする予言《よげん》だね。悪《わる》い意味《いみ》でも使《つか》えるんだ。

予言《よげん》された君《きみ》へ！

趣味《しゅみ》の同《おな》じ友達《ともだち》が何人《なんにん》も集《あつ》まると、楽《たの》しみも知《ち》識《しき》も深《ふか》まるね。

使《つか》い方《かた》

「私《わたし》の友達《ともだち》、みんなやさしいんだ」
「類《るい》は友《とも》をよぶと言《い》うから、あなたがやさしいんだよ」
「そう言《い》ってくれてありがとう」

ローマは一日《いちにち》にして成《な》らず

大《おお》きなことを成功《せいこう》させるには、長《なが》い時間《じかん》と努力《どりょく》が必要《ひつよう》だという意味《いみ》のことわざ。

ローマ帝国《ていこく》は、イタリア半《はん》島《とう》に誕生《たんじょう》したヨーロッパ最大《さいだい》の帝国《ていこく》だ。千年《せんねん》以上《いじょう》、世界《せかい》の中心《ちゅうしん》として繁栄《はんえい》していた。当《とう》然《ぜん》ながら、一日《いちにち》でできたわけではない。長《なが》い年月《ねんげつ》をかけて築《きず》き上《あ》げられたんだ。

そんなローマ帝国《ていこく》を持《も》ち出《だ》して、「まだまだ時間《じかん》と努力《どりょく》が必要《ひつよう》だな」と言《い》うわけだ。ブロックのお城《しろ》を作《つく》りながら言《い》うと、すごく大《おお》きくて立派《りっぱ》なものを作《つく》ろうとしている感《かん》じが出《で》て面白《おもしろ》いね。

予言《よげん》された君《きみ》へ!

努力《どりょく》してもまだまだだなぁと思《おも》うとき、このことわざが応援《おうえん》になる。

使《つか》い方《かた》

「アーティストになりたくて絵《え》を習《なら》い始《はじ》めたけど、デッサンばかり」
「ローマは一日《いちにち》にして成《な》らずだよ。あせらず続《つづ》けて」

論《ろん》より証拠《しょうこ》

「宿題《しゅくだい》やったの？」と聞《き》かれたら、終《お》わったページを見《み》せればいい。相手《あいて》も証拠《しょうこ》を見《み》せられれば納得《なっとく》するしかない。

「論《ろん》より証拠《しょうこ》」は、いろいろと議論《ぎろん》をして決着《けっちゃく》をつけようとするより、具体的《ぐたいてき》な証拠《しょうこ》を見《み》せたほうがわかるという意《い》味《み》のことわざだ。「本当《ほんとう》かな？」と思《おも》うことがあったら、証拠《しょうこ》を調《しら》べてみればいい。無《む》駄《だ》に長《なが》い話《はな》しあいや口《くち》ゲンカも防《ふせ》げるぞ！

これ以上《いじょう》ないほどのシンプルさで予言《よげん》していることわざって、やっぱりやばい！　って思《おも》うよね。

予言《よげん》された君《きみ》へ！

証拠《しょうこ》を突《つ》きつけられる側《がわ》になったときは、降参《こうさん》するしかない！

使《つか》い方《かた》

「ぼくトランプのポーカーで負《ま》けたことないんだ。すごく強《つよ》いよ」
「論《ろん》より証拠《しょうこ》。いまやってみようぜ」

おわりに

覚《おぼ》えたらどんどん使《つか》おう

どうだったかな？
君《きみ》のことや周《まわ》りのことを予言《よげん》していると
感《かん》じることわざに、たくさん出合《であ》えたんじゃない？

人《ひと》は昔《むかし》から、ことわざを生活《せいかつ》の中《なか》にたくさん取《と》り入《い》れてきた。
生《い》きる知恵《ちえ》として、また相手《あいて》に伝《つた》えるときに便利《べんり》な言葉《ことば》として、口《くち》にしてきたんだ。
ずっと昔《むかし》、テレビもインターネットもなくて、
いまと生活《せいかつ》が全然違《ぜんぜんちが》う時代《じだい》に「あるある」って言《い》っていたことが、
いまのみんなの行動《こうどう》をズバリ予言《よげん》しているなんて、本当《ほんとう》にすごいよね。
それだけ「本質的《ほんしつてき》」、つまり物事《ものごと》の性質《せいしつ》の変《か》わらない部分《ぶぶん》を言《い》い当《あ》てているんだ。

ことわざを覚《おぼ》えたら、使《つか》うことが大事《だいじ》だ。
どんどん使《つか》うことで、自分《じぶん》のものになっていく。
会話《かいわ》の中《なか》に取《と》り入《い》れるのはもちろん、
お気《き》に入《い》りのことわざは、書《か》き出《だ》しておくといい。
「座右《ざゆう》の銘《めい》」として、ぐっとくることわざを心《こころ》にきざんでいる大人《おとな》は多《おお》いんだ。
君《きみ》も、「これは」と思《おも》うことわざは自分《じぶん》のものにしてほしい。
何《なに》かのときに「案《あん》ずるより産《う》むがやすしだから、とにかくやってみよう」
「過《あやま》ちを改《あらた》むるにはばかることなかれだから、素直《すなお》に間違《まちが》いをなおそう」と
行動《こうどう》を決《き》めていくことができるようになるよ。

昔《むかし》の人《ひと》たちの知恵《ちえ》の宝庫《ほうこ》である
ことわざを、楽《たの》しみながら
ぜひたくさん使《つか》っていってほしいと思《おも》っている。

齋藤《さいとう》 孝《たかし》

やばいことわざ

発行日　2020年8月1日　第1刷
発行日　2024年3月6日　第11刷

監修　齋藤 孝

本書プロジェクトチーム
編集統括　柿内尚文
編集担当　菊地貴広
デザイン　田中小百合（osuzudesign）
編集協力　根村かやの、小川晶子
イラスト　カツヤマケイコ
校正　柳元順子
DTP　山本秀一、山本深雪（G-clef）

営業統括　丸山敏生
営業推進　増尾友裕、網脇愛、桐山敦子、相澤いづみ、寺内未来子
販売促進　池田孝一郎、石井耕平、熊切絵理、菊山清佳、山口瑞穂、吉村寿美子、矢橋寛子、遠藤真知子、森田真紀、氏家和佳子
プロモーション　山田美恵
講演・マネジメント事業　斎藤和佳、志水公美

編集　小林英史、栗田亘、村上芳子、大住兼正、山田吉之、大西志帆、福田麻衣
メディア開発　池田剛、中山景、中村悟志、長野太介、入江翔子
管理部　早坂裕子、生越こずえ、本間美咲
発行人　坂下毅

発行所　株式会社アスコム

〒105-0003
東京都港区西新橋2-23-1　3東洋海事ビル
編集局　TEL：03-5425-6627
営業局　TEL：03-5425-6626　FAX：03-5425-6770

印刷・製本　中央精版印刷株式会社

Printed in Japan ISBN 978-4-7762-1095-5